질문으로 시작하는 초대
이재명 대통령

질문으로 시작하는 초대 시리즈 소개

시작하게 도와주는 책입니다. 만나고 싶은 사람, 해보고 싶은 활동, 알고 싶은 지식 등 막상 시작하고 싶지만 시작하지 못하던 독자들을 위해 만들었습니다. 지금 시작할 수 있는 용기를 드리겠습니다.

질문으로 시작하는 초대
이재명 대통령

초판1쇄 발행
2025년 8월 15일

남경우·김무영 지음

펴낸이
김태영

펴낸곳
씽크스마트 책짓는 집

주소
경기도 고양시 덕양구 청초로 66
덕은리버워크 B-1403호

전화
02-323-5609

출판사 등록번호
제395-313000025
1002001000106호.

ISBN
978-89-6529-461-0 (03340)

정가
12,000원

ⓒ 남경우·김무영

이 책을 만든 사람들

편집
신재혁

홈페이지
www.tsbook.co.kr
인스타그램
@thinksmart.official

이메일
thinksmart@kakao.com

- **씽크스마트** 더 큰 생각으로 통하는 길

'더 큰 생각으로 통하는 길' 위에서 삶의 지혜를 모아 '인문교양, 자기계발, 자녀교육, 어린이 교양·학습, 정치사회, 취미생활' 등 다양한 분야의 도서를 출간합니다. 바람직한 교육관을 세우고 나다움의 힘을 기르며, 세상에서 소외된 부분을 바라봅니다. 첫 원고부터 책의 완성까지 늘 시대를 읽는 기획으로 책을 만들어, 넓고 깊은 생각으로 세상을 살아갈 수 있는 힘을 드리고자 합니다.

- **도서출판 큐** 더 쓸모 있는 책을 만나다

도서출판 큐는 울퉁불퉁한 현실에서 만나는 다양한 질문과 고민에 답하고자 만든 실용교양 임프린트입니다. 새로운 작가와 독자를 개척하며, 변화하는 세상 속에서 책의 쓸모를 키워갑니다. 흥겹게 춤추듯 시대의 변화에 맞는 '더 쓸모 있는 책'을 만들겠습니다.

자신만의 생각이나 이야기를 펼치고 싶은 당신. 책으로 사람들에게 전하고 싶은 아이디어나 원고를 메일(thinksmart@kakao.com)로 보내주세요. 씽크스마트는 당신의 소중한 원고를 기다리고 있습니다.

〈질문으로 시작하는 초대. 이재명 대통령〉은 2022년 씽크스마트에서 출간한 〈이재명은 있다〉를 기반으로 다시 쓰고 엮었습니다.

질문으로
시작하는 초대

이재명 대통령

프롤로그

이재명 들여다보기

이재명 정부가 되었다. 이재명의 국민주권시대가 어떻게 전개될 것인가를 이해하려면 이재명을 이해해야 한다. 이재명에 대한 왜곡된 사실과 판단은 차고 넘친다. 이를 넘어 이재명을 좀 더 객관적이고 총체적으로 이해할 때 국민주권시대에 있을 다양한 변화를 해석하고 준비할 수 있을 것이다.

벌써 변화가 시작되었다. 전국민에게 1인당 25만원 생활지원금을 지급한다고 한다. 대북확성기방송을 중단하자 대남확성기방송도 즉각 중단했다. 상법개정을 통해 주식시장도 정화한단다. 전광석화처럼 집행한다. 인공지능 로봇 등 과학기술의 변화와 이재명표 정책이 결합될 때 한국사회와 우리들의 삶 자체가 많이 변할 것 같다.

　이재명에 대한 이해는 변화를 관조하는데 머무르지 않고 변화에 적극 동참하기 위해서이기도 하다. 또 이재명 정부가 실시하는 각종 정책을 이해하고 동참함으로써 우리의 삶을 한 단계 높이기 위해서 이기도 하다. 필자는 국민주권시대를 이해하려면 이재명의 대통령선거 공약집을 읽는 것이 필수적이라고 생각한다. 많은 경우 공약公約집이 공공에 대한 약속이 아니라 뜬 구름잡는 空約집인 경우가 많아 시민들이 외면한 경우가 많았다. 정치인들도 선거때 내뱃는 매표행위의 일환으로 공약을 떠들기도 했다.

　이재명 정부가 들어서면서 公約이 진짜公約이 될 가능성이 높아졌다. 이재명 대통령은 후보시절부터 매표행위의 일환으로 던지는 가짜공약은 없을 것이라고 단언했다. 그렇다면 공약집의 가치는 높아진다. 향후 5년간 공약집에 나온 정책방향을 충실히 지켜갈 때 우리 사회가 바뀔 행로를 그려볼 수 있기 때문이다. 공약집에 대한 이해는 이재명은 어떤 사람인가를 이해하는 것과 직결되어 있다. 많은 국민들이 이재명은 누구인가와 그는 무엇을 약속했고 실행할 것인가를 꼼꼼히 읽어보면 미래를 설계하는데 도움이 될 듯 하다.

공무원들은 물론 모든 직업인들이 사회변화에 대비하여 자신의 역량을 높일 수 있고 기회를 포착할 수 있다. 가령 주식투자를 하는 수많은 동학개미들도 이익을 남기려면 이 책과 공약집을 읽으며 산업기술변화와 기업생태계 변화를 예측해야한다. 돈도 사회변화의 추세에 따라 이동할 것이기 때문이다.

향후 진로를 모색하는 청소년들과 학부모들도 이 책과 공약집을 읽으면 진로설정에 도움이 될 듯 싶다. 5년간 전개되는 각종 정책은 한국사회의 직업과 직결될 것이다. 이재명정부의 5년정책은 그 후 10년 20년간의 미래경로를 결정할 것이어서, 공약집이해와 미래사회에 대한 예측은 직업선택에 많은 참조가 될 것이다.

시민사회운동가들에게 이재명 자체와 공약집에 대한 이해는 필수적이다. 모든 정책집행에는 음양이 있게 마련이다. 좋은 점도 있지만 나쁜 점도 불가피하게 따라온다. 그렇기에 정책은 부단히 수정되면서 관철된다. 이에 발빠르게 대처하려면 예측이 필요하다. 경로예측은 대응행동을 유효하게 한다.

사회변화와 이를 이끌어가는 지도자를 이해하는 것은 우리 개인 삶의 변화와도 깊이 관련되어 있다. 이런 문제의식을 갖고 Q1에서 Q10까지는 필자가 썼고, Q11-Q23은 김무영 작가가 썼다. 이재명에 대한 이러한 조명은 수없이 많은 이재명 들여다보기의 하나이다. 다양한 방향에서 이재명 들여다보기가 진행될 것이다. 이재명과 이재명이 펼치는 정치를 들여다보는데 도움이 되기를 기대한다.

남경우 씀

나를 포함해 이재명 대통령을 이해하기 시작하는 이들을 위해 이 책을 쓰고 엮었다. 호불호를 떠나 이재명 들여다보기를 시작하는 작은 계기가 되길 바란다. 작업을 제안해주신 남경우 선생님께 감사드린다.

김무영 씀

목차

프롤로그   5

Q1. 이재명은 정말 잘 할까?   11
Q2. 이재명은 중앙정부의 관료들을 장악할 수 있을까?   16
Q3. 이재명이 정말 경제를 살릴까?   19
Q4. 이재명은 정말로 정치보복을 안할까?   22
Q5. 이재명은 기업친화적일까?   26
Q6. 이재명은 왜 고상하지 않을까?   31
Q7. 이재명은 정말 혈연, 지연, 학연이 없을까?   36
Q8. 이재명은 이대남, 삼대남에게도 인정받을 수 있을까?   40
Q9. 이재명은 어떻게 성남 태극기 할배들의 마음까지 얻었을까?   43
Q10. 이재명 욕설 사건은 어떻게 봐야 하나?   47
Q11. 이재명은 왜 무서운 사람처럼 보일까?   63

Q12. 이재명은 자신을 똑똑하다고 생각할까? 67
Q13. 이재명은 왜 말을 그렇게 빠르게 할까? 71
Q14. 이재명은 유머 감각이 있을까? 74
Q15. 이재명은 왜 불우한 어린 시절을 반복해서 이야기할까? 77
Q16. 이재명은 그 가난한 삶을 어떻게 견뎠을까? 81
Q17. 이재명은 스스로를 약자라고 생각했을까? 84
Q18. 이재명은 원래 싸움꾼이다? 87
Q19. 이재명은 왜 SNS를 자주 쓸까? 90
Q20. 이재명은 자신을 지지하지 않는 사람들을 어떻게 생각할까? 92
Q21. 이재명은 윤석열을 어떻게 생각할까? 94
Q22. 이재명은 무슨 음식을 제일 좋아할까? 97
Q23. 이재명의 공공의식은 어디에서 나올까? 99

부록 103

Q1. 이재명은 정말 잘 할까?

훌륭한 정치가의 자질에는 여러 가지가 있지만 현실인식능력은 핵심적인 능력 중 하나다. 즉 현안이 무엇이고 현안의 본질은 무엇이며 역사적으로 어떻게 흘러왔는지를 총체적이고 분석적으로 이해하는 것이 당면과제해결의 출발이다.

분석적이면서 총체적

이런 점에서 최배근 건국대 경제학교수와 이재

명 당시 도지사 간의 대담은 그의 현실이해능력을 고스란히 보여준다. 이 대담에서 이재명은 부동산, 정부조직법, 관료와 행정, 노동양식, 기술진보, 산업구조, 수요와 공급, 국제환경, 남북협력, 가치 있는 삶, 청년들의 방향, 금융정책, 인사의 기준, 참모진의 구성과 책임, 대기업과 중소기업, 한국사회구조변화의 방향 등등을 다양하게 다룬다. 그는 현실을 이해하는데 구조적이고 분석적이며 상호연관성을 잘 파악하고 있다.

    선차적인 것과 부수적인 것, 큰 것과 작은 것, 현상적인 것과 본질적인 것 등을 구분하여 파악하고 있을 뿐더러 범주와 개념으로 잘 짜여진 구조물로서의 현실을 잘 이해하고 있다.

    더불어 정책의 능동성 즉 정치지도자의 역할이 어디에 집중되어야 하며 정책수행에서 무엇이 장애요인일지에 대해서도 명료한 인식을 갖고 있다.

과제중심형이되 가치지향형

    유시민 작가에 따르면 이재명은 김대중 노무현 등의 가치 중심, 비전 중심이 아니라 과제 중심형 과제돌파

형의 특징을 갖고 있다고 분석한다. 연역적이 아니라 귀납적이라고 평한다. 이러한 스타일은 놀라운 과단성과 신속성을 탑재하여 현실에서 발생하는 과제를 즉각적으로 수행하는 기동성으로 나타난다는 것이다. 실제로 경기도정이나 성남시정에서 보여준 그의 행정은 이런 것이었다.

그렇다고 가치와 비전이 빠져있어 기능실무에 머물러 있지도 않다. 가치와 비전이 없는 실무 및 과제중심은 지속성을 담보할 수 없다. 이 후보의 부단한 업무추진력에는 민생 민권 민본이라는 강력한 내적 가치가 내장되어 있는지도 모른다. .

이재명의 구체적 정책능력: 소상인 소비자 상생플랫폼

경기도에서는 공공배달앱 배달특급으로 소상인-소비자 상생플랫폼이 성과를 올렸다. 배달특급은 지역화폐와 연계된 할인을 기본으로 폭넓은 소비자 혜택과 동시에 양평군 특산물을 통한 100원딜 등 전방위 노력으로 소상공인의 든든한 지원군이 되기 시작했다.

특히 2022년부터 배달특급은 소비자 할인 등 각

자치단체 특성에 맞는 지역별 밀착사업을 진행 중인데, 양평군의 경우 전통시장 내 소상공인과 긴밀한 연계를 통해 공공배달앱 역할을 충실히 수행하고 있다. 그 결과, 배달특급 운영사인 경기도주식회사의 자체 표본조사에 따르면 현재 배달특급은 양평군에서 민간배달앱을 제치고 시장에서 두 번째로 높은 약 30% 점유율을 보이고 있는 것으로 나타났다."(파이낸셜뉴스)

광역-기초자치단체가 시장에서 소상인과 소비자를 어떻게 지원하는지를 극명하게 보여주고 있다. 경기도가 기초자치단체와 공공배달앱 업무협약을 맺은지 1년 만에 거둔 성과다.

이재명 경기도지사 시절의 괄목할 만한 업적이다. 이재명은 언제나 민생에 기반하여 구체적인 대안을 제시한다. 그리고 집행은 신속하다. 아이디어공모부터 집행까지 우왕좌왕 좌고우면함이 없다. 추진방식 또한 협업이다. 자기 혼자 제안하고 그 정치적 실질적 성과를 독식하지 않는다. 그의 정책에는 구호성 과시가 없다. 언제나 실질적이다. 그렇기에 구체적인 성과로 이어진다.

집단지성에 의거한 협업

이러한 정책수립과 집행방식이 국가운영차원으로 발전하면 한국사회는 진정으로 새로운 사회로 진화할 것으로 보인다. 이재명은 언제나 집단지성을 신뢰한다. 함께 할 우군들의 실력을 신뢰하고 그들과 협력한다. 광역자치단체장으로서 기초자치단체를 신뢰한다.

이미 취임 한 달 동안 호남과 충청에서 국민들의 목소리를 들었고, 그 자리에는 정책 관계자들과 해당 광역,기초자치단체장 등 최대한 수요자 중심의 행정을 할 수 있게 계속해서 자리를 만들라고 지시했다.

이재명은 정책을 집행하면서 반드시 확인한다. 이러한 지도력은 광범위한 파급효과를 일으키며 소상인과 소비자들의 생활을 실질적으로 향상시킨다. 이것이 이재명식 실용주의다. 민본 민생 민주에 근거한 실용주의!!!

Q2.
이재명은 중앙정부의 관료들을 장악할 수 있을까?

언젠가 경기도에서 일하는 고위 간부인 후배에게 '이재명 지사가 관료들을 잘 다루는지, 관료들 중 이 지사에게 반발하거나 지시 사항을 적당히 뭉개는 일이 없는지' 물은 적이 있다. 그 후배는 이내 반발하듯이 "도청 내 관료들이 개긴다구요? 있을 수 없는 일"이라고 단언했다.

필자는 많은 경우 지방자치단체장이 휘하 고위 관리들에게 휘둘리거나 적당히 뭉개는 것을 짐짓 모르는 듯 넘어가는 일이 종종 있는 것을 보아왔다. 이런 경우는 대개 해당 단체장이 이권에 개입되어 약점이 잡혀 있거나, 혹은 업무에 대해 정확히 파악하지 못해 뚜렷한 견해가 없거나, 인사 등이 불공정하여 반감을 갖는 등 여러 가지 문제들이 겹쳐서 나타난다. 보수 측 단체장이든 민주개혁진영 단체장이든 마찬가지다.

적당히 뭉개기, 있을 수 없다

이런 상황은 중앙정부 차원에서도 유사하다. 중앙정부의 대표(대통령)가 해당사항에 대해 위에서 말한 여러 가지 단점으로 행정관료들을 실무적으로 행정적으로 정치적으로 장악하지 못한다면 그 대표자가 개인의 덕성이 아무리 훌륭하게 비쳐져도 국민이 위임해 준 시대적 과제의 해결은 물 건너간다. 특히 행정경험이 없거나 카리스마조차 없는 경우는 그 폐해가 더욱 커지고 국가운영은 관료들의 잔치로 넘어간다.

관료들이 일부 기득권층의 이익을 대변하고 보호하는데 익숙해있던 자들이라면 문제는 더욱 심각해진다. 즉 시대적 과제를 해결하는 데는 업무를 정확히 파악하여 관료를 장악하고, 그들과 소통하고 그들을 정확히 통솔하는 지도자의 탁월한 역량이 필수적이며 절대적이다.

중앙정부의 관료들도 장악통솔 할 수 있을까?

후배가 평가하는 이재명 지사는 업무파악능력, 문제를 행정적 과제로 전환하는 능력, 선공후사, 인사의 공정성, 상벌의 명확한 집행 등에서 탁월하다고 했다. 이런 능력과 추진력으로 인해 고위관료가 불만을 사거나 반발하는 일은 없다고 했다. 21세기 현시기 한국의 차기 대통령에게는 특히 관료들을 정확히 장악하고 일을 추진하는 능력이 요구된다.

이제 이재명 대통령은 업무량과 규모가 경기도에 비해 50배나 큰 업무와 중앙정부관료들을 장악할 수 있을까? 국민을 신뢰하고 집단지성을 신뢰하는 이재명이 중앙정부에서도 외교국방무대에서도 새로운 지평을 열 것으로 기대한다.

Q3.
이재명이 정말 경제를 살릴까?

　　이재명 후보는 법학을 전공했음에도 경제 산업 금융 증권에 해박하다. 국내시장은 물론 국제시장과의 연관성에 대해서도 폭넓은 지식을 갖고 있다. 지금 시기 정치인이 경제 산업 금융에 구체적인 지식을 갖고 맥락을 이해하는 것은 너무 중요하다. 대통령의 깊은 경제 금융 지식은 예산이 배정되어 실시되는 정책의 실제 효과에 직접적인 영향을 미친다.

재무제표를 읽어내는 이재명

처음으로 진행되는 이재명 후보와 주식투자자들 (유튜브 와이스트릿)과의 대담에서 이재명 후보는 전문적인 지식을 요하는 주식시장에 관련된 각종 사안을 깊고 넓게 이해하고 있음을 보여주었다. 주식투자를 제대로 하려면 해당산업에 대한 이해뿐 아니라 각종 재무제표를 읽을 수 있어야 한다.

거기에 세계적인 차원에서의 산업동향에도 능숙해야한다. 이 후보가 사용하는 각종 전문용어들을 보면 이런 능력을 갖고 있다고 보인다. 그래서인지 유튜브에 기대감을 표시한 수 많은 댓글이 달렸다. 놀라운 일이다. Csy 님은 "역시 이재명이구나 전문 지식이 뛰어나네 대통령 정했다 시장 친화적이네 반 자본주의자 인줄 알았는데"

스톤브라더 님은 "놀라울 정도로 명석하시네. 해외에서 이머징 마켓으로 판단되는 문제로 인한 폐해들을 직시하고, 선지지수 편입에 대한 의지가 있단 것. 공매도의 불평등문제를 이해하고 대상에 대한 규정을 수정해야한다는 부분, 규칙 위반에 대한 퇴출조치 및 징벌적 조치를 만들어야 한다는 얘기. 기업들의 배당에 대한 문제들.. 금감원 특사경 대폭확대 및 독립,, 전부 좋은 내용이었습니다."

댓글창에 올라온 시청자들의 논평들

현빈 님은 "이재명 후보가 이리 박식한줄 몰랐네요. 당신이 대통령이 되는 나라의 국민으로 살아보고 싶네요. 누가 되든 관심이 없었는데 이 방송으로 인해 마음을 정했습니다."라고 적었다.

소액투자자들은 물론이고 한국경제를 좀 더 나은 단계로 발전시키기를 바라는 기업인들도 이재명 후보의 깊은 지식에 신뢰를 보낸다. 삼성에서 젊은 시기를 보냈고 지금은 신세계그룹에서 고위임원을 하고 있는 한 산업계 인사는 "지사시절 이재명 지사의 대(對)기업 행정은 신속하고 공정한 것이었다"고 기억했다. 아마도 역대 대통령과 대통령 후보 중 경제 산업 금융 증권 해외교역 국제금융 등에 대해 가장 깊고 폭넓은 지식을 소유한 정치인이 아닐까 한다.

Q4.
이재명은 정말로 정치보복을 안할까?

나는 이재명 후보가 주장하는 '진정한 의미의 국민통합'이 진실이라 믿는다. 심지어 지금 경쟁자로 상대하는 윤석열 후보에게조차 별다른 적대가 있지 않다. 만일 이 후보가 삶이 정제되지 않아 사람에 대한 회한이 남아 있다면 수도 없이 많았을 것이다. 아무 것도 남기지 않고 돌아가신 아버님도 원망의 대상이었을 것이다.

고통은 복수심을 낳을 수 있다

소년공 시절 점심시간 어린 소년공들끼리 싸움 붙이며 히히덕거렸던 선배노동자들도 분노로 남아있었을 것이다. 거기에 성남시 시민활동가로 나서 의료법인을 만들고자 했던 시기에 거짓과 기만으로 일관했던 성남시장과 그 관계자들도, 이명박근혜 시기 이재명죽이기에 나섰던 공작조들도, 그들의 왕초였던 이명박근혜도, 여기에 부화뇌동해 곡필을 동원했던 일부 언론도 분노복수의 대상이었을 것이다.

하지만 이재명에게 근본적인 분노나 복수심은 없다. 그의 사이다발언이나 직설화법은 자기방어를 위한 수단이었고 당시 그에게 어울리는 그의 대응방식이었을 것으로 보인다. 그러나 최근 대통령 후보로 나선 그가 보여주는 삼프로TV나 적의를 갖고 함정을 놓은 듯 짐작되는 레거시 미디어 언론인들의 계산된 질문에 대응하는 모습을 보면, 이미 그는 차원을 넘어섰다.

고통을 승화시킨 평범한 사람

그는 선각자(先覺者)다. 이미 미리 깨달은 자이다.

소년공 시절 힘들고 고통스런 노동과 끝 모를 고난이 삶의 좌표를 분명히 하였을 것이다. 이재명 후보의 표정은 특별히 심각하지 않다. 편안하다. 시련은 시련대로 성취는 성취대로 받아들이는 듯하다. 소년공시절의 경험에서 소통의 법칙을 깨우쳤을 것으로 보인다. 그에게 공장은 학교였고 소년시절의 고난은 수도(修道)였다.

고된 노동이 끝난 후에는 평화가 찾아온다. 심각할 여유가 없다. 명랑하지 않으면 안 된다. 아마도 한국사회에 드리워진 수많은 난제를 해결하려면 인내와 평정심이 필요하다. 낙관적 자세는 대열을 신나게 만든다. 또 불안을 멀리한다. 분노 복수 적대를 담은 정책은 성공할 수 없다. 과정도 결과도 정당해야 한다. 이재명은 이런 조건에 어울리는 사람이다.

함께 일하고 즐기는 대통령이 요구된다

이재명을 잘 모르는 사람들은 불안해 할 수 있다. 이재명은 깨달은 자이기도 하면서 명랑한 자이다. 이 땅에서 중산층으로 평범하고 온화한 사람들과도 아주 잘 어울리는 사람이다. 중산층과 중도층의 온화함 포근함

상식과도 잘 어울리는 사람이다. 성남시장 시절 동네의 청소년들과 잘 어울렸던 과거가 이런 점들을 말해 준다.

    어떤 의미에서는 근엄하고 위압적이며 숭배받는 대통령이 아니라 동네 아저씨 같고 토론할 수 있으며 같이 즐길 수 있는 새로운 유형의 대통령이 필요한 시대인지도 모른다.

Q5.
이재명은 기업 친화적일까?

　삼성전자 전직 임원들도 이재명에게 우호적(?)이다. 사회에서 만나 친하게 지내는 선배의 말이다. 그 선배는 삼성의 전직 전무였다. 얼마 전 삼성전자 전무급 이상 전직 임원 수 명의 식사 자리가 있었단다. 거기서 그들은 이재명의 소속정당이 '국민의 힘'당이라면 그를 찍을 텐데 아쉽다는 이야기가 나왔다고 한다. 즉 이재명이 일을 처리하는 방식이 시원하고 분명하며 기준이 있어서 일하기가 편하다는 것이었다.

이재명은 정말로 반기업적일까? 그는 스스로 '기업 프렌들리(friendly)'라고 말한다. 그가 말하는 기업 프렌들리는 유착이 아니라 공정이고 특정 소수가 부당한 이득을 누리는 행위에는 엄격하게 대응하지만, 불합리한 규제를 합리화하는 일에는 그 이상으로 열중한다는 것이다.

엄격하게 하지만 합리적이게

그래서인지 2019년 어느 언론사의 기업인 대상 설문조사에서 이재명 당시 지사는 '기업 프렌들리 광역단체장' 1위로 뽑힌 적도 있다. 친노동인 듯 보이는 이재명이 기업 프렌들리하다고? 기업인들이 관(官)에 대하여 힘들어 하는 것 중 하나가 '모호함'이다. 도대체 되는 건지, 안되는 건지 무엇을 수정하라는 건지 애매할 때다.

이런 것 때문에 편법 불법부당이득에 눈을 돌리는 기업이 나오게 된다. 공무원과 유착의 빌미가 되기도 한다. 건실한 기업인일수록 사업 기회는 멀어지고 공정한 기업 생태계는 망가지게 된다. 이런 편법 불법 부당이익을 근절하고 불합리한 규제는 합리화한다는 게 이재명의 기업관이다. 기업 프렌들리라 할 것도 없다. 행정기

관의 장이라면 당연한 태도다.

한국사회의 2천5백만 개의 일자리 중 공공부문 일자리 190만개를 제외하면 핵심적인 일자리와 부가가치를 기업이 생산한다. 비정규직이나 자영업도 일단 기업이 잘 돌아가야 연관효과로 활성화된다. 조선업이 중국과 경쟁에서 밀렸던 10년 전 옥포 등지의 조선기업이 일감이 없어지자 인근의 식당 의류 등 생필품공급 자영점포들도 썰물처럼 문을 닫아야 했던 기억이 있다.

지도자의 통찰 자체가 국가의 전략자산이다

경기도에는 첨단기술기반의 중소기업이 즐비하다. 이런 기업의 성장을 촉진하는 것은 양질의 일자리를 늘리는 것이며 총체적으로는 국력의 신장으로 이어진다. 기업과 일자리에 대한 깊은 이해와 현 단계 한국 정보산업 사회에 대한 지도자의 통찰은 그 자체가 국가의 전략적 자산이 된다.

한국사회는 들끓는 용광로와 같다. 반도체 자동차 조선 소재산업에서부터 화장품 유산균에 이르기까지 세계 최고수준의 기술력을 보유하고 있지만 빈부격차가

크게 확대되고 있는 나라다. 백화점 등에서 최고급 명품이 불티 날리게 나가지만 노인 빈곤율 OECD1위, 청년 자살율 1위, 출산율 최저수준을 유지하는 나라다. 또 국민 중 일부에는 민족주의 성향이 강하게 자리하지만 일부 국민은 미국의 영향권에 포섭되어 미국기를 시위장에 두르고 나오는 기형적인 나라다.

복잡한 실타래처럼 얽혀 있는 한국

현 시기 한국사회가 풀고 나가야할 과제는 무엇일까? 빈부격차완화, 청년실업해소, 비정규직문제완화, 자영업안정화, 출산율제고 등 생활문제로부터 남북통일에 이르기까지 얽키고설킨 문제들이 한 두 개가 아니다. 이런 과제들을 어떤 지도자가 풀 수 있을까?

20대 대통령선거를 앞두고부터 다양한 후보들이 거론되고 있는 가운데 주목할 만한 사람이 있다. 이재명이다. 현재까지 행동과 발언으로 각종 사안에 대한 견해를 뚜렷하게 밝혀 온 사람으로는 단연 이재명이 으뜸이다.

언론이 부단히 띄워 여론조사 대통령깜 1위에 링

크되었던 윤석열은 각종 사안에 대하여 아직 자기 견해를 밝힌 바가 없다. 그가 무엇을 지향하는지도 모른 채 지지하는 셈이었다. 향후 자기견해를 밝힌다 하더라도 얼마나 숙성된 것인지는 따져봐야 한다. 기타 거론되는 여야 대권주자들도 절실하게 무엇을 해결하겠다는 것인지를 밝힌 바가 없다. 각 후보는 각종 사안에 대하여 자신의 견해를 밝혀야 한다. 그때만이 국민들도 예측 가능해진다. 이럴 때만이 국민들 사이에 존재하는 다양한 견해 차이와 해결 과제의 선후 그리고 그 방법들을 모아낼 수 있다.

유튜버들과의 장시간 토론에서 이재명은 명료한 견해를 보여준다

많은 후보들이 두루뭉술하게 말한다. 이런 점에서 이재명은 아주 다르다. 이재명의 분명한 입장은 이를 반대하는 사람에게도 도움이 된다. 통합적이고 실용적인 행정이 되려면 지도자가 분명해야 한다. 현대사회는 각종 사안에 대해 자기견해가 뚜렷한 자가 지도자여야 한다. 지도자의 신속하고 적확한 결정은 그 자체가 국가의 전략적 자산이다.

Q6.
이재명은 왜 고상하지 않을까?

이재명 대통령은 고상하지 않다. 초등학교를 졸업하고 공장에서 일해야 했던 그는 고상하고 감상적일 여유가 없었을 것이다. 그에게는 로맨틱한 환상 자체가 없다. 나는 그래서 이재명이 뭔가 일을 낼 것이라고 기대한다. 이재명은 인간을 어떤 이론 등에 의해 규정된 이상적인 존재로 보는 것 같지 않다.

이재명에게 인간은 욕구, 욕망, 욕심을 갖고 있는 지극히 현실적인 존재로 보는 듯하다. 그는 가난했고 절망했고 이를 극복하고자 불면의 밤을 지새웠고 희망을 세웠다. 이재명은 청년, 노인, 공무원, 검사 등을 신비화하지 않는다. 즉 그에게 고상하고 풋풋한 이런 의미의 청년 노인은 없다. 똑같이 아마도 정의로운 검사 같은 것도 있지 않다고 생각할 듯하다.

인간을 날 것으로 받아들이다

그는 이미 어린 청소년도 얼마나 사악할 수 있는지를 끝단까지 보았다. 그는 자전적 에세이 〈이재명은 합니다〉에서 노동현장에서 청년 근로자들이 어린 소년 근로자들을 싸움시키고 학대했던 것에 대하여 아무런 감정의 동요 없이 기술한다. 피해자였던 그에게 분노나 한도 크게 남아있지 않은 것 처럼 보인다. 그냥 인간사의 너절한 일들로 기술할 뿐이다. 어쩌면 그는 10대에 사람의 본 모습을 그대로 보았는지 모른다. 상황에 따라 선('P)할 수 있고 불선(s'P)할 수 있다고 생각할 것이다.

나는 노무현 전 대통령님의 이상이 좋았다. 그의 순수한 이상이 담긴 연설은 뜨거웠고 감동적이었다. 그러나 난 그 자체가 위험스럽게 느껴졌다. 검사들과의 대화를 보면서 불안한 마음이었다. 노무현 전대통령은 따뜻한 마음으로 모두를 대했지만, 상대는 그의 호의도 악의로 활용했다.

모든 것에는 고정된 틀이 없다

이재명은 선과 악으로 나누는 이분법이 없다. 다만 누구라도 선할 수 있고 누구라도 악할 수 있다고 보는 듯하다. 이재명에게 고정된 틀이 없는 듯하다. 오직 상황을 호전시키면 선한 행위를 할 수 있다고 보는 듯하다. 그래서 제도를 개혁하고 기준을 분명히 하는 것으로 행정방향이 정해지는 것으로 보인다.

고정된 틀이 없어서 강할 수 있고 유연할 수 있다. 이것이 그가 그의 선배들 김대중 노무현 문재인의 가치를 현실화시킬 수 있는 힘이 아닐까 생각된다.

이재명의 실용주의

이재명 후보는 어떤 방식으로 개혁하려고 하나? 그는 실용적 민생개혁의 실천이어야 한다고 정리했다. 그는 오래 전부터 '좌파의 정책이든 우파의 정책이든 다가져다 쓸 수 있는 실용주의자임'을 자부해왔다. 이를 통해 국민이 진정으로 원하는 것을 충족시켜주는 것이 정치라고 주장한다. 이를 위해서는 '작은 실천적 개혁'이 지속되고 이것이 누적되어 큰 개혁으로 이어져야 한다고 말한다.

소박 소박 대박이다

많은 정치인들이 국민의 요구에 근거한 실용주의를 실천해야 한다고 말해왔다. 언뜻 보기에 실용주의는 말하기 쉽고 다소 시시하게 보이기도 한다. 멋진 한방이 없는 듯 보인다. 그러나 사실 실용주의를 지속적으로 실천하기란 그리 쉽지 않다. 우선 민생을 속속들이 아는 수고가 필요하다. 이를 위해서는 지도자 스스로가 민생의 현장 속에 있어야 하고 늘 국민생활을 호흡해야 한다. 또 국민생활을 불편하게 만드는 각종 법령 관행에 대해서 정통해야 하고 관료가 이를 어떻게 다루는지에 대해서도 구체적이면서 전체적으로 파악해야 한다.

큰 개혁은 구체적이고 실용적인 개혁이 연속되고 '가치와 방향'을 가질 때 이뤄진다. 이재명에게 있어서

가치와 방향은 '국민 삶의 실질적 향상'이다. 실용적 민생개혁이 가능키 위해서는 수많은 사람들의 조사와 연구와 사색과 합의가 지속적으로 필요하다. 거기에 이를 실천할 수 있는 매뉴얼이 지속적으로 점검되고 국민의 참여를 불러일으켜야 한다. 여기서 지도자는 다양한 작은 개혁 중 무엇이 핵심고리인지를 파악하는 능력이 요구된다.

핵심고리를 쥐어라

이재명 대통령은 이미 도지사 시절부터 그 핵심고리를 기본소득 기본주택으로 파악한 듯하다. 이재명의 이러한 관점은 실사구시를 중시해왔던 우리 선조들의 전통에 서 있는 것이기도 하고, 현대문명을 끌어왔던 과학적 실용주의의 유산에도 합당한 것이다. 동시에 민의 생활을 중심으로 펼쳐야 한다는 21세기의 새로운 정치 방향에도 합당한 것이다. 아마도 이재명 대통령의 구상을 공정한 눈으로 바라본다면 국민의 90%가 동의할 수 있을 것이다.

Q7.
이재명은 정말 혈연, 지연, 학연이 없을까?

　　한국 정치사회세력의 토대를 형성하는 세 가지 고리가 있다면 혈연, 지연, 학연이었다. 경제세력도 혈연, 지연, 학연과 무관하지 않다. 지난 30여년간 수도권 집중화 현상으로 지연은 다소 약화되었지만 대구 등 일부 지역의 '묻지마 챙겨주기'는 여전하다.

　　기존 재벌들과는 달리 벤처1세대 기업들이 혈연 지연 학연으로부터 무관할 것이라는 일반인식과는 달리 학연기반 순혈주의로 인한 구조적 폐해가 문제가 되고 있다. 직장내 괴롭힘에 따른 자살 사건(네이버), 대기 발령자의 고용 불안(넥슨), 상시적 초과근무 등 무더기 근로기준법 위반 사실(카카오)이 드러나면서 사회문제로 되고 있다.

무연고의 정치 지도자

IT업계에서 드러나는 각종 일탈은 개인적인 문제를 넘어서서 학연을 기반으로 한 특수관계가 구조적 집단으로 고착되면서 발생한 것으로 분석하고 있다. 최첨단 IT기업에도 학연 특히 서울대 출신으로 연결된 이너 써클에 들어가지 않으면 파편화된 개인들에 불과하다는 것이다. 핵심정치세력에게 혈연, 지연, 학연은 불가피한 측면이 있지만 일정 수위를 넘어설 경우 수 많은 문제를 일으킨다.

이명박 시기 강남 포항 고대 소망교회 네트웍은 정관계를 장악하는 기본 고리였고 박근혜 시기 박정희 키즈 네트웍과 최순실 사건은 사적 인연이 공적 가치를 압도하는 비정상의 끝판왕이었다. 김대중 노무현 문재인 시기도 이너 써클이 형성된 배경이 이명박 박근혜와는 전혀 다른 것이었지만 일정 부분 논란이 일었던 것도 사실이었다.

이런 점에서 이재명은 새로운 유형의 지도자다. 이른 나이에 고향 경북 안동을 나와 성남에 스며들어간 이재명 가문이 안동과 성남을 내세우며 그곳에서 맺어진 인연들을 성남 인맥으로 부르기는 어불성설일 듯싶다. 또 검정고시를 거쳐 중앙대 법대로 들어가 맺어진 인맥으로 특정 라인을 만들 거라는 것도 있을 수 없는 일이다.

가치 지향적 관계집단

그야말로 이재명 세력은 온전히 공적 일을 통해서 맺어진 가치 지향적 관계집단이며 이재명이 지향하는 미래 비전에 공감하는 사람들이 하나하나 모여 이뤄져가는 새로운 유형의 정치세력이다. 이는 한국자본주의 발전과정과 그 맥을 같이 하고 있다. 기존의 농촌공동체는 이미 해체되었고 모든 인력 자원은 수도권에 집중된 현 시기를 반영하고 있다.

그렇기에 이재명 세력은 기본적으로 개방성을 추

구한다. 그리고 혈연 지연을 넘어서는 가치 지향적 보편성을 갖는다. 다만 모든 세력은 이너써클을 공고히 하는 경향을 갖는다. 이것이 과도할 때 빚어내는 폐해는 늘 경계할 일이다. 어쨌든 이재명을 중심으로 떠오르는 신진 세력은 지역을 넘어 서고 학연을 넘어서 새로운 한국의 정치 지형을 만들어 낼 것이다. 고 노무현 대통령께서 희망했던 '새로운 정치의 맏형'노릇을 이재명이 담당할 지도 모른다.

Q8.
이재명은 이대남, 삼대남에게도 인정받을 수 있을까?

    내가 대통령 선거에 유독 관심을 가졌던 이유는 20대 30대인 아들, 딸, 조카들 때문이기도 하다. 내 아들, 딸, 조카들 중 거의 반이 불안정한 직업을 갖고 있다. 임금조건, 노동조건, 미래의 안정성 등 모든 면에서 그렇다. 이준석이 페미니즘을 때리는 선동에 넘어가 일시적으로 국힘당의 오세훈을 찍었더라도 여전히 2030대 남녀들의 미래는 차기 민주정부에 달려있다.

불안정한 상태인 아들 딸 조카들

20대 대통령 선거 때 윤석열 최재형 등 야당후보들의 발언, 21대 대통령 선거 때 이준석 후보의 발언을 회고해 보면 그들이 도무지가 깊은 밤 알바를 해야 살아갈 수 있는 청년들의 실정을 알 수 있을 것 같지가 않다. 더 나아가 그들이 2030청년들의 미래에 희망을 줄 수 있을 정책을 제시할 것 같지가 않다. 현재까지는 아무것도 없다.

한국이 세계무역개발회의(UNCTAD) B군에 들어가 많은 국민이 자랑스러워하고 있음에도 불구하고, 지난 7월 수출액이 사상최고를 달성하면서 대기업의 일대약진이 온 미디어를 도배하고 있어도 청년들의 미래는 불투명하다. 2030대 청년들 즉 미래를 짊어지고 가야 할 청년들이 한국사회를 여전히 헬조선으로 느끼고 있는 한 한국사회는 위기다.

1987년 6월 항쟁이 있은 지도 38년이 지났다. 촛불혁명이 일어나 박근혜가 물러난 지도 벌써 8년이 지났다. 하지만 한국의 정치경제사회구조는 여전히 박정희 모델이 작동하고 있다. 이것이 빈익빈 부익부 사회의 구조적 원인이다.

2030에게 희망을

실제 21대 대선에서 드러난 세대별 득표율에서 20대 이하는 이재명 58.1%, 김문수 25.3%, 이준석 10.3% 순으로 나타났다. (지상파 3사 공동출구조사) 그런데 20대 남성만 놓고 보면 이준석 37.2%, 김문수 36.9%, 이재명 24% 순이다. 20대 청년, 특히 20대 남성들에게는 여전히 이재명보다 보수 진영의 목소리가 더 많은 지지를 받았다. 나는 이 수치가 변화할 것이라 기대한다. 이재명이 제시한 정책이 하나씩 실현되면서 소위 이대남들 또한 그 정책의 수혜자임을 실감할 것이기 때문이다.

거대한 변화가 필요한 시기이다. 민본 민생 민주를 토대로 하는 실용주의적 변화를 통해 새로운 시대로 나아가야 한다. 이를 가능케 하는 지도자는 이재명이다. 기본소득 기본금융 기본주택은 한국사회구성원이면 누구나가 기초생활에서 불안을 해소할 수 있는 초보적 조치다. 이 조치는 2030청년들의 창의성을 발휘케 하는 마중물이 될 것이다.

Q9.
이재명은 어떻게 성남 태극기 할배들의 마음까지 얻었을까?

 성남시의 태극기 할배들도 이재명을 좋아한다? 성남시에서 오래 산 친구의 이야기다. 이건 또 무슨 이야기인가? 태극기 할배와 이재명은 뭔가 어울리지 않는 조합 같았다.

 한때 많은 이들은 광화문에 모인 태극기 할배들의 땡깡시위를 보면서 혀를 내두르기도 하고 그들의 막무가내에 어이없어 하기도 했다. 이런 시위를 주도한 사람들이야 특정한 목적이 있을런지 모르지만 살기 힘든 동네 노인들은 쥐꼬리만한 일당을 받으며 시위에 동원되고 있다고도 했다. 물론 한때 그 분들의 시위가 맹위를 떨칠 때면 잘 차려 입은 대기업 전직 임원이나 군고위 간부를 배출하는 군관련 대학 동기회 깃발이 나부끼기도 했다.

노인들에게 광화문시위는 축제였다

그렇지만 시위에 참여한 대부분의 사람들은 노인이면서 주머니에 돈도 없고 크게 반겨주는 사람도 없는 쓸쓸한 분들이 대부분인 것으로 보였다. 시위가 한창이었던 당시 간혹 서울 광화문광장 등지에서 마주친 그들의 모습을 보면 의기양양하고 오랜만에 내 세상을 만난 것처럼 움직였다. 필자는 정치적인 목적이야 지도부가 구상한 것이라 해도 한 때나마 그 시위에 참여한 노인들에게는 축제인 듯 보였다.

그 당시 그런 성남시의 노인들도 이재명 시장과는 좋은 관계라는 말을 우연히 듣게 된 것이다. 나는 그 이야기의 전말이 궁금해졌다. 이야기를 들려준 친구도 별달리 자세한 내막은 알지 못했다. 단지 이재명 시장이 그 노인들과 이들이 속해 있는 단체에게 잘 대해준다는 정도의 이야기였다. 그 후 수개월이 지나 또 다른 사람으로부터 이와 유사한 이야기를 들었다. 이재명이 태극기노인들도 똑같이 위한다는 이야기는 사실인 듯했다.

그들을 아버지처럼 형처럼 대했던 이재명

나는 가슴이 먹먹해졌다. 나도 쓸쓸한 노인이 될 것이므로… 공자님의 유명한 구절이 떠올랐다. 노자안지 소자회지(老者安之 … 少者懷之). 제자들이 공자에게 당신이 생각하는 인(仁)이 무엇이냐고 물었을때 공자는 '인이란 노인을 편안히 하고, …, 어린이들을 품어주는 것'이라고 한 말이다.

나는 이재명이 그 노인들을 대하면서 태극기를 흔들며 과격구호를 외치는 극우 할배가 아니라 인생의 막바지에 누구도 품어주지 않는 쓸쓸한 노인으로, 성남시장인 자기가 안아주어야 할 노인으로 받아들였을 것으로 짐작된다. 특별히 해준 것도 없이 고단한 생을 마감한 자신의 아버지를 떠올리며 그분들을 자신의 아버지들로 받아들였을 것으로 생각된다.

가진 것 없는 노인들이라 해서 몇 푼 지원해주는 시예산으로 환심을 살 수는 없는 법이다. 만일 그들이 진정으로 이재명을 좋아하게 되었다면 그분들이 꾸려온 인생을 받아 안고 위로하고 함께하는 이재명이였기에 가능한 것이었으리라. 한국사회의 노인문제는 심각하다. 청년문제 만큼이나 노인문제에 귀를 귀울이는 아니 인간의 문제에 귀 기울이는 지도자가 필요한 시대이다.

Q10.
이재명 욕설 사건은 어떻게 봐야 하나?

얼마 전 선배 한 분이 개인 카톡에 〈이재명 후보 형수욕설 동영상〉을 올려 진위 여부를 물어왔다. 하도 가짜동영상이 많으니 알 수 없다면서다. 나라고 알 리가 있나?

나는 인터넷에 돌아다니는 녹음테이프를 들은 바도 없고 크게 관심도 없다. 고약한 욕설이 사실일 것으로 보인다. 이미 이재명 후보는 심히 고통스러워했다고 했다. 인생사가 다 그렇다. 가족일지라도 크게 다투다 보면 고약한 욕도 나오게 마련이다. 가족 사이에는 남들이 이해할 수 없는 말 못할 가족사와 곡절이 있게 마련이다. 더구나 이재명의 욕설 사건에 국정원의 치밀한 공작도 한 몫 했다면 문제는 복잡해진다. 〈이재명은 합니다〉라는 자전적 에세이에서 기술한 이재명의 고통스런 토로가 그나마 진실에 다가가는 통로가 아닐까 싶다. 이 조차 믿지 않으려는 사람이라면 달리 방법이 없다.

다음은 〈이재명은 합니다〉 129페이지~140페이지에 기술된 이재명 후보의 고백이다. 이재명 후보를 지지하거나 반대하거나 모두 읽어볼만하다.

'수신제가치국평천하'(修身齊家治國平天下)

정치에 발을 들여놓기 전만 해도 이 한 마디가 내 인생을 이토록 그림자처럼 집요하게 따라다니게 될 줄은 미처 몰랐다.

사실 예전에는 건전한 사고를 지닌 국민의 한 사람으로서 내 한 몸 잘 간수하며 사는 것이 목표였다. 물론 그것조차 만만치 않은 것이 현실이었지만, 그저 내게 주어진 길을 회피하거나 부정하지 않고 한 걸음씩 차곡차곡 나아가는 것만이 최선이라고 생각해 왔다.

돌이켜보면 어린 나이에 공장 생활을 하면서 '나'라는 존재에 대해 뼈저리게 느낀 바가 있었고, 대학생이 되어서는 국가와 사회를 보는 눈이 달라졌으며, 사법고시를 거쳐 인권변호사로 활동하면서부터는 정의란 말을 자주 입에 올리게 되었다. 이런 과정을 거치는 동안 나는 '수신'과 더불어 '제가'에도 자신감을 갖기 시작했다. 그리고 성남시장이 된 뒤에는 잘못된 시정을 바로잡아 보겠다는 다짐과 함께 국가의 작은 단위로서 지자체 행정을 통해 '치국평천하'에도 감히 도전장을 던지기에 이르렀다.

음해공작으로 고통스러워

'정의 구현'을 현실 속에서 정말 제대로 실행하고 싶었다. 치국평천하' 까지는 아니더라도 국민들의 답답한 가슴을 시원하게 뻥 뚫어주는 역할만이라도 충실히 해내고 싶었다. 하지만 그런 뜻을 품자마자 적의 공격이 시작되었다. 구태정치의 표본인 음해공작이 내 앞을 가로막은 것이다. 그 유치하고 치졸한 음해공작의 중심에는 다름 아닌 나의 친형이 있다.

가족 이야기를 다시 꺼낼 수밖에 없는 현실이 참으로 아프고 한탄스럽지만, 한 사람의 정치인이자 머슴으로서, 좀 더 맑고 투명한 미래를 약속하는 마음으로 나를 둘러싼 음해공작의 전모를 밝히고자 한다.

우리 일곱 남매 중에서 일찌감치 경제적인 안정을 이룬 사람은 공인회계사인 셋째 형이었다. 가난했던 옛 시절을 생각하면 가히 성공적이라고 부를 만도 하지만, 사람의 탐욕이란 끝이 없었다. 의식주가 해결되자 형은 명예와 권력까지 넘보았다. 그리고 그 욕망은 내가 성남시장에 당선되자마자 때를 만난 듯 기지개를 켜기 시작했다.

형은 감사관을 통해 내게 노골적으로 청탁을 해왔다. 시장의 권한을 이용해 자신을 대학교수로 만들어 달라는 것이었다. 그런 일이 어떻게 가능할 거라고 생각했을까. 그 가까웠던 형이 "못들은 것으로 하세요" 하고 감사관에게 말했다.

하늘이 무너져도 안 되는 건 안 되는 것이었다. 이때부터 형과 나 사이에 감정적인 금이 가기 시작했다. 그 뒤로도 형은 시장의 친형이라는 '무기'를 내세워 시정에 개입했고, 심지어 비서실장에게 특정인 승진, 징계 등을 요구하며 인사에 개입했다.

나는 참을 수 없었다. 슬픔과 분노가 치밀어 올랐다. 청탁, 뒷거래, 부정부패….. 그토록 싫어하고 우려했던 단어가 왜 하필… 가장 가까운 형제에게서 나온단 말인가. 나는 혈연을 외면하고 직원들에게 강력한 지시를 내렸다.

"앞으로 시장의 가족, 특히 셋째 형과 접촉을 금지합니다."

구태정치의 사슬, 그 썩은 부패의 관행을 뿌리 뽑으려고 정치에 입문한 나로서는 당연한 조치였다. 한편으로는 그동안 얼마나 많은 정치인들이 이런 상황 앞에서 그에 굴복하고 말았을까 하는 생각도 들었다. 위기란 어쩌면 가장 가깝고 약한 곳에서부터 시작되는 것인지도 모른다.

그 뒤로 휴대폰은 물론 시장실로 걸려오는 형의 전화까지 모두 차단시켰다. 시장실 앞에서 시장 면담을 요구하며 농성을 하는 형님을 나는 만나지 않았다. 형은 공공연히 나를 비난하고 다니기 시작했다.

국정원의 김 과장

국가의 안보를 최우선으로 삼아야 할 국정원이 형제간의 빈틈을 노리기 시작한 것은 바로 이 즈음이었다. 공작의 기획자인 국정원과 그 하수인들은 나에게 이른바 '종북 정치인'이란 올가미를 씌우기 위해 호시탐탐 기회를 노려왔던 터였다. 그리고 이번에는 그 하수인으로 나의 친형을 내세운 것이다.

국정원의 김 과장이라는 인물은 은밀히 형을 만나 '이재명은 간첩'이라는 말로 선동하며 '종북시장 퇴진운동'을 벌이도록 부추기기 시작했다. 덩달아 성남시 새누리당의 한 고위인사는 다음 지자체 선거에서 새누리당 비례시의원 공천을 해주겠다는 말로 형을 유혹하기도 했다. 그 말을 곧이곧대로 믿어버린 형은 그들이 시키는 대로 온갖 방법을 불사하며 공개적으로 나를 험담하고 다녔다. 처음엔 형이 죽도록 미웠다. 하지만 피를 나눈 형제 아닌가. 같은 어머니 뱃속에서 나온 혈육을 끝까지 미워할 수는 없었다. 나는 오히려 그런 형에게 연민을 느꼈다.

내가 정작 분노해야 할 대상은 국정원이었다. 피를 나눈 형제마저 눈 하나 깜짝하지 않고 적으로 만들어버리는 그들의 치밀한 공작에 분노가 치밀었다.

굴복할 수 없다
그럼에도 굴복하지 않는다.

국정원의 비인간적인 공작으로 형제 사이의 갈등이 점점 깊어가던 그 무렵, 나는 밤마다 옛날 일들을 떠올리면서 한숨짓곤 했다. 내가 알던 어린 시절의 셋째 형은 순수한 사람이었다. 머리도 꽤 좋은 편이었다. 하지만 어려운 집안 형편 탓에 형님은 중학교 졸업과 동시에 공장 생활을 해야만 했다. 그 당시 나는 공장에서 일하며 틈틈이 공부한 덕분에 검정고시로 중고등학교 과정을 마칠 수 있었다. 그리고 마침내 대학에 들어가 전액장학금에 매월 20만 원씩 학교로부터 생활보조금까지 받을 수 있게 되었다. 나는 그 돈을 아껴서 집으로 보내주곤 했다. 그러다가 언제부터인가 셋째 형이 자꾸만 눈에 밟다.

'저렇게 마냥 공장에서 청춘을 보낼 사람이 아닌데…….'

마침내 나는 형을 찾아가 속엣이야기를 꺼냈다.

"형, 대학 진학 말인데, 내가 해보니까 전혀 불가능한 게 아니더라. 형도 지금부터 준비해보는 게 어때? 형은 머리가 좋으니까 충분히 대학에 갈 수 있을 거야."

형은 머뭇거렸다. 학원비며 생활비 따위를 걱정하고 있다는 사실을 내가 모를 리 없었다.

"형, 그래서 말인데, 내가 다달이 학원비를 대줄게."

매달 대학에서 지원해주는 생활보조비 이야기를 들먹

이며 설득한 끝에 결국 형은 학력고사를 준비하기로 했다. 나는 약속대로 매달 형에게 학원비를 보내주었다.

지난 날의 형이 떠오른다

형은 공부를 시작한 지 1년 만에 보란 듯이 건국대학교 경제학과에 입학했다. 게다가 나처럼 전액장학금에 매월 생활보조비까지 받는 장학생이 되었다. 형은 거기서 그치지 않고 열심히 공부한 끝에 공인회계사 시험에 당당히 합격했다. 그리고 회계사 사무실을 차려 재산도 모으고 결혼해서 단란한 가정까지 꾸렸다. 모든 것이 행복한 드라마처럼 착착 진행되는 것 같았다. 절망하지 않고 노력하면 누구나 성공할 수 있다는 흔한 메시지를 형은 몸소 보여주었다.

그랬던 형이 어째서 이토록 철천지원수처럼 변해버렸단 말인가.

생각해보면 형은 그 동안 동생인 내게 은근히 열등감을 갖고 있었던 것 같다. 나보다 네 살 위이면서 학번은 1년이 더 늦다는 사실이 형에게는 내내 가시처럼 마음에 걸렸던 게 아닐까. 그러다 내가 성남시장이 되자 꼭꼭 숨겨두었던 열등의식이 왜곡된 방향으로 터져나온 것은 아닐까. 열등의식은 심리적으로 자기 자신을 합리화하면서 오히려 욕망을 키우는 반작용을 일으킬 수 있다. 형이 그런 심리 상태에 있을 때 은밀히 다가와 욕망을 부추긴 당사자가 바로 국정원의 김 과장이었다.

차마 형을 미워할 수 없다

호수에 돌을 던지면 파문이 이는 것과 같은 이치였다. 국정원의 김 과장은 형의 마음에 돌을 던졌고, 그때부터 형은 평상심을 완전히 상실하고 말았다. 그리고 파문은 점점 크게 일더니 시시각각 나를 공격하기 시작했다.

나는 김 과장의 감언이설에 넘어간 형의 마음을 충분히 이해할 수 있었다. 그래서 형이 나에게 말도 안 되는 악담을 퍼붓고 선거전에서 나의 반대편에 서서 낙선운동을 벌일 때도 나는 애써 그를 이해하려고 노력했다. 형은 심지어 의회에 난입하기도 하고 백화점에 들어가 '시장의 친형'이라며 난동을 부리기도다. 이 모두가 국정원의 사주로부터 시작된 일들이었다. 그리고 그들의 목적은 단 하나, 종북시장으로 몰아 이재명 성남시장을 어떡하든 퇴진시키는 것이었다. 그들의 검은 속내를 알기에 형을 차마 미워할 수 없었다.

어머니까지 소용돌이에

하지만 얼마 후 도저히 참을 수 없는 일이 벌어지고 말았다. 나와 전화 연결이 되지 않자 셋째 형 내외가 어머니를 찾아가 난동을 부린 것이다. 처음에는 어머니의 휴대폰으로 내게 전화를 걸어 바꿔달라는 것이 그들의 요구사항이었다. 셋째 형이 나를 괴롭히고 있다는 사실을 잘 알고 있는 어머니는 거절했다. 그러자 형은 어머니에게 집에 불을 질러 죽인다고 위협했다. 형은 이미 수년 전 어머니에게 폭언을 하고 인연을 끊은 후였다. 당시 어머니 통장에는 5,000만 원 정도의 노후자금이 있었다. 일곱 남매 중 가장 잘 사는 셋째 형이 어머니에게 '5,000만 원을 빌려달라'고 떼를 썼지만, 어머니는 거부했다. 자신의 요구가 모두 거절당하자 형은 이성을 잃고 어머니를 향해 거친 욕설을 퍼붓고 위협했다.

마침내 어머니는 공포와 절망, 그리고 처절한 슬픔에 못 이겨내게 전화를 걸었다. 전화가 연결되자 옆에 있던 형이 재빨리 낚아채더니 이번에는 내게 욕을 퍼붓기 시작했다. 나는 그 욕설을 잠자코 들었다. 제발 그 욕설을 나에게만 퍼붓고 말아줬으면 하는 것이 솔직한 내 심정이었다. 이 일이 있은 후 형님 부부는 어머니를 향해 차마 입으로 옮길 수 없는 패륜적 폭언을 했고 심지어 어머니 집을 찾아가 팔순의 어머니에게 주먹을 휘둘렀다. 그 어떤 막장 영화에서도 보기 힘든 패륜의 현장이었다.

폭언 욕설 화 행패

형 내외가 어머니의 신고로 경찰에 연행된 후 어머니는 곧장 병원 신세를 져야 했다. 일곱 남매의 어머니로서 세상 그 어떤 풍파에도 끄떡없던 분이었건만 자식에게서 받은 충격만큼은 견딜 수 없었던 것이다. 나와 다른 형제들이 모두 어머님 댁에 모였다. 그리고 그제야 셋째 형 내외가 어머니에게 어떤 행패를 부렸는지 모두 알게 되었다.

나는 더 이상 화를 참지 못했고 셋째 형에게 전화를 했다. 셋째 형 대신 형수가 전화를 받았다. 형이 어머니에게 했던 욕설을 거론하며 자식된 도리로 어떻게 그런 쌍욕을 할 수 있느냐고 따졌다.

형님의 패륜 폭언을 두고 "그런 고차원적인 철학적 농담도 이해 못 해요?"라며 시댁 식구들을 능멸하던 형수는 침

착하게 전화를 받았다. 그 태도에 화가 난 나와 형수 간에 욕설이 섞인 대화가 오갔다.

그 뒤로도 한동안 화가 가라앉지 않았다. 그런데 더 놀라운 일이 기다리고 있었다. 내가 퍼부은 욕설을 형수가 휴대폰으로 녹음하고 전후 맥락을 배제한 뒤 일부만 SNS를 통해 세상에 퍼뜨린 것이다. 이때부터 일명 '형수에게 쌍욕을 한 이재명 성남시장'이라는 제목의 파일이 온라인에 떠돌게 되었다.

나는 이 모든 일들이 치밀하게 파놓은 함정이라는 사실을 나중에야 깨달았다. 그들이 파놓은 함정에 내가 빠져버린 것이다. 나는 덫에 매달린 미끼를 덥석 물어버린 셈이었다.

진실을 알게 되다

어머니는 셋째 형이 두려웠던 나머지 경찰에 신고하여 접근금지 처분을 내리도록 했고, 형님은 벌금 500만 원 형사처분도 받게 됐다. 그 이후 셋째 형이 어머니를 찾아가 행패를 부리는 일은 더는 재발하지 않았다. 하지만 어머니를 포함해 나머지 여섯 남매들과 셋째 형과의 관계는 더욱 소원해질 수밖에 없었다. 그리고 온라인에서 영원히 지워지지 않을 나의 욕설 파일은 앞으로 정치인 이재명이 짊어져야 할 무거운 낙인으로 남게 되었다.

　　나는 그 낙인을 애써 가리거나 지울 생각이 없다. 씻을 수 없는 오명과 수치에 못 이겨 조금이라도 고분고분해진다면 그것이야말로 적들이 노리던 바일 것이다. 나는 굴복하지 않을 것이다. 나아가 구태정치의 해묵은 세력들이 전가의 보도처럼 휘둘러왔던 정치공작에도 길고 긴 반격을 시도할 것이다.

모든 작용에는 반작용이 있다.
　　이른바 형수 쌍욕 사건으로 인해 나는 꽤 오랫동안 고통스러운 나날을 보냈다. SNS를 통해 그런 해프닝이 벌어지게 된 경위를 소상하게 올리기도 했지만 소용없는 일이었다. 앞뒤 잘라내고 욕설 부분만 편집하여 일파만파 퍼지도록 조작하는 바람에 많은 사람들로부터 비난과 오해를 고스란히 받아야 했다.

쌍욕 사건의 후과는 컸다
　　나는 그 모든 비난을 인정한다. 누구라도 화를 참을 수 없는 상황이라 할지언정 형수에게 저급한 욕을 퍼부은 것은 분명 잘못이다. 모든 것이 나의 수양 부족 탓이다. 하지만 국정원을 이용해 정치공작을 일삼는 기득권 정치집단의 비열한 행태만큼은 영원히 용서할 수 없다. 형제를 이간질하고 한 집안을 파탄내는 비열한 짓들을 이토록 쉽게 저지를 수 있다는 사실에 나는 분노한다.

가족 간의 불화는 비록 내게 큰 타격을 주었지만, 그것도 시간이 지나면 언젠가는 오해가 풀리고 해소될 것이다. 그리고 공직자로서 친인척 비리 대신 형제의절을 선택한 나의 충심을 언제가 국민들이 이해해줄 것으로 믿는다.

가까스로 마음을 다잡아가며 업무를 보고 있던 어느 날 형으로부터 비서실로 전화가 걸려왔다. 수화기 저편에서 형의 다급한 목소리가 들려왔다.

"나 지금 정신병원에 갇혀 있다." 자초지종을 파악해보니, 조울증에 걸린 셋째 형이 구타를 하고 집안 식구들을 못살게 굴기 때문에 형수와 딸이 셋째 형을 정신병원에 강제 입원시킨 것이었다. 이후 시장실로도 계속 구조 해달라고 전화가 왔다. 형제들과 함께 병원으로 두 번이나 찾아갔지만, 직계가족이 아니라는 이유로 병원 측에 의해 면회조차 거부되어 발길을 돌렸다.

눈에 가시 같던 존재

얼마간 시간이 흐른 뒤 셋째 형은 정신병원에서 풀려나 집으로 돌아오기는 했지만 그렇다고 문제가 해결된 것은 아니었다. 이 사건마저 '성남시장 이재명이 친형을 정신병원에 강제 입원시켰다'는 내용으로 알려지기 시작한 것이다. 기가 막힐 노릇이었다. 사실 관계를 증명하는 모든 자료들을 제출했음에도 악의적인 허위 사실 유포는 중단되지 않았다. 내가 기득권 세력에 이토록 눈엣가시 같은 존재였던가. 형수 욕설 사건의 피해가 채 가시기도 전에 이번에는 '친형 정신병원 강제입원'을 기정사실화 하면서 까지 물고 늘어지는 그들의 집요함에 참담함을 금할 수 없었다.

이 일련의 사건들을 겪으며 나는 아주 소중한 깨달음을 얻었다. 해방 이후 오늘날까지 고질병처럼 이어져온 정치공작이야말로 시급하게 사라져야 할 구태정치라는 사실, 그리고 그 썩은 잔재들을 말끔히 쓸어내는 것이야말로 국가의 정의를 바로 세우는, 내게 주어진 임무라는 사실을 나는 절감했다.

뉴턴의 운동법칙 중 제3의 법칙인 '작용과 반작용'은 인생에도 고스란히 적용된다. 나는 어린 시절 가난 속에서 공장 생활을 해가며 고난을 견디는 법을 스스로 체득했다. 그 방법은 바로 현실을 긍정적으로 체화시킨 뒤 고난을 발판으로 삼아 딛고 일어서는 것이었다. 다시 말해 인생의 시련이 내게 작용해오면, 그 힘을 고스란히 반작용의 동력으로 사용하는 것이다.

정의와 민주주의를 위하여

움직이지 않는 물체는 마찰도 있을 수 없다. 마찰이 생긴다는 것은 그 물체가 움직이고 있다는 증거이기도 하다. 사람도 큰 뜻을 품고 현실에서 실천해나가기 시작하면 당연히 맞받아쳐오는 힘을 만나기 마련이다. 그렇다면 지금 나를 공격하는 적들이야말로 오히려 나에게 가장 좋은 자극제일 수 있지 않을까? 그들의 공격이 거세면 거셀수록 나 역시 그만큼 강하고 두려운 상대라는 사실이 증명되는 셈이다.

어쩌면 인생이란 이렇게 작용과 반작용이 서로 힘을 겨루며 변화를 일으키는 과정일지도 모른다. 이 반복적순환적인 인생사의 우여곡절을 성장의 밑거름으로 삼을 수만 있다면 미래는 분명 달라질 것이다. 내가 꿈꾸는 미래, 그 밝은 광장에는 정의와 민주주의가 펄펄 살아 춤을 추고 있으리라 믿는다.

Q11.
이재명은
왜 무서운 사람처럼
보일까?

    이재명은 자기 확신이 강하고 논리적이면서 직설적인 표현을 즐기며 불우한 성장 배경으로 인해 약자에 대한 감수성이 강하지만 성남시장과 경기도지사, 당대표를 거치며 성과 중심의 행동주의적 성향이 강한 편이다. 탁상공론보다는 '실제 현장'을 기반으로 문제를 해결하려는 스타일이다.

1) 강한 어조와 직설적인 화법

이재명은 대체로 말을 돌려서 하지 않는다. 하고 싶은 말, 주장하고 싶은 바를 직설적이고 단호하게 표현한다. 예를 들어 상대를 향해 "당신이 틀렸다"라고 직접적으로 말할 수 있는 정치인은 드물다. 이런 화법은 어떤 사람들에게는 시원하게 느껴지지만, 또 어떤 사람에게는 '공격적으로' 느껴지기도 한다. 하지만 공격의 의도가 아니라 명확하게 전달하는 의도가 강한 어조로 나오는 것이다. 실제 21대 대통령에 취임한 후 이재명 대통령은 국무회의, 한국거래소 방문, 광주, 전남 타운홀 미팅 등 자리를 가리지 않고 직설적으로 명확하게 소통하는 모습을 보이고 있다. (그런 와중에서도 '편하게 하세요.', '형이라고 생각하고 하세요.' 같은 말로 상대방을 편하게 해주었다.)

2) 가난과 싸운 생존형 서사

이재명은 극심한 가난과 노동착취, 장애를 딛고 변호사, 시장, 도지사, 대통령이 된 인물이다. 그런 생존형 인생을 살아온 사람들은 싸움의 감각이 몸에 배어 있다. 한 마디, 한 행동에 '살아남겠다'는 결기가 배어 있다.

이건 공감의 포인트이기도 하지만, 또 다른 이들에겐 "저 사람, 뭔가 건드리면 바로 반격할 것 같아"라는 두려움으로 다가온다.

3) '차가운 카리스마'와 표정

그의 얼굴은 흔히 '근엄한 인상'으로 평가받는다. 눈썹이 진하고 입꼬리가 살짝 아래로 내려가 있는 형태는, 말을 하지 않아도 "차가워 보인다"는 인상을 줄 수 있다. 그리고 중요한 건, 미디어는 이런 이미지를 부각시키는 데 능하다는 것이다.

뉴스 캡처, 인터뷰 장면, 유튜브 썸네일에 '무표정한 이재명'을 반복적으로 노출시키면 사람들은 무의식적으로 '위협감'을 학습하게 된다. 이재명의 웃는 모습이나, 대통령실 근처 식당에서 점심식사를 하는 모습을 보면 오히려 차갑다기보다 유쾌하고 밝은 표정을 가진 사람이다.

4) 논리적 전투력과 언변

이재명은 토론에서 밀리지 않기로 유명하다. 무

엇보다 논리와 팩트로 공격하는 스타일인데, 그건 마치 법정에서 변호사가 상대를 몰아붙이는 모습과 유사하다. 이런 스타일은 많은 대중에게 "잘 싸운다"는 인상을 주는 동시에 "내가 저 사람이랑 대화하면 말려들 것 같아"라는 심리적 거리도 함께 생긴다.

5) 정치적 프레임과 언론의 묘사

보수진영이나 일부 언론에서는 이재명을 '과격하고 포퓰리스트적인 인물'로 묘사해 왔고, 그 프레임 속에서는 그가 무조건 '위협적인 존재'처럼 보이게 된다. 대중은 언론과 정치적 프레임을 통해 형성된 이미지에 영향을 크게 받는다. 이재명을 잘 모르는 사람이라도 "무섭다더라"는 말만 듣고도 그렇게 느끼는 경우도 많다.

하지만 사실은, 이재명이 무서운 게 아니라 이재명을 통로로 '우리 안의 두려움'을 자극하는 건 아닐까? 강한 사람을 보면 "나보다 힘이 셀까 봐", "내 약점을 꿰뚫을까 봐" 겁나는 것은 아닐까? 그리고 그건 그 사람이 실제로 어떤 사람인지를 말해주는 게 아니라, 우리가 그 사람을 어떻게 '해석'하고 있는지를 말해주는 것이다.

Q12.
이재명은 자신을 똑똑하다고 생각할까?

이재명 대통령은 여러 인터뷰와 발언, 그의 삶의 궤적을 통해 "나는 머리가 빠르고, 상황 판단이 정확하며, 논리적으로 강하다"는 확신을 드러낸 적이 많다. 예를 들어 "저는 한 번 들은 건 웬만하면 다 기억합니다.", "저는 말로 사람을 설득하고, 싸움에서 밀리지 않는 게 강점입니다.", "정책 설계 능력은 제가 누구보다 뛰어나다고 생각합니다." 이런 표현들은 스스로를 '똑똑하다'고 인정하면서도, 자만하지 않는 듯한 균형 잡힌 태도를 보여준다. 그는 '나는 능력 있다'는 믿음을 갖고 있지만, 그걸 남을 깎아내리는 데 쓰지는 않는다.

이재명은 '똑똑함'을 생존전략으로 훈련해온 사람이다. 초등학교 졸업 이후 공장에서 일하며 검정고시로 중졸, 고졸 자격을 취득하고, → 중앙대 법학과 → 사법시험 합격까지 올라온 인생 경로는 단순히 '머리 좋다'가 아니라 '살기 위해 머리를 썼던 사람'이란 걸 보여준다.

여기서 중요한 건 이재명은 자신의 지능을 타고난 '선물'이 아니라, 갈고 닦은 무기로 여길 가능성이 높다는 점이다. 그래서 더 '똑똑한 척'을 하지 않고, 대신 실전에 강한 사람처럼 행동한다.

이재명은 자신의 '정치적 사고력'을 강하게 신뢰한다

이재명은 단순한 정보 암기형 'IQ'보다는 상황 분석력, 논리적 설계력, 상대를 읽는 능력 같은 '정치적 지능(Political Intelligence)'에 대해 확신을 갖고 있어. 그는 때로는 "내가 대통령이 되면 나라가 나아질 수 있다"는 식의 말도 서슴지 않았는데, 이건 단순한 자존감이 아니라 "내 판단과 실행력이 시스템보다 낫다"는 믿음에서 나오

는 말인 것 같다. 하지만 그는 '잘난 체'를 경계하는 사람이다

"나는 기득권 출신이 아니고, 금수저도 아니다. 내가 잘났다고 생각하지 않는다. 다만 더 절박했을 뿐이다."

이 말은 겸손이 아니라 자기정체성의 핵심으로 보아야 한다. 그는 '똑똑함'보다는 '실력+절박함'이라는 프레임으로 자기 가치를 증명해온 사람이기 때문이다. 물론 대놓고 "나는 천재야!"라고 말하지는 않는다.

이재명은 자신이 똑똑하다는 걸 '너무도 잘' 알고 있다. 다만 그것을 힘없는 사람을 위해 써야 한다고 믿고 있다. 그게 그의 정치적 윤리이자 자기 정당성의 뿌리다. 그래서 그는 자신을 "나는 똑똑한 사람"이 아니라 "나는 문제해결에 능한 사람, 정치를 통해 구조를 바꿀 수 있는 사람"으로 말하려고 노력한다. 그에게 똑똑함은 '자랑'이 아니라 '도구'인 셈이다.

50대에도 성장할 수 있는 사람

얼마 전 유시민 작가는 한 유튜브 방송에서 이재명의 모습을 평하면서 '50대에도 저렇게 성장할 수 있다'는 것이 놀랍다고 말했다. 대개 50대가 되면 남자건 여자건 머리도 가슴도 굳어져 더는 성장하지 않는데 말이다.

나는 대선국면을 관찰하는 아주 중요한 통로로 이재명을 바라본다. 이재명이 정치가로서 인간으로서 성숙해가는 과정을 보면 한 편의 근사한 드라마와 같다.

이재명이 대통령이 되면 어떤 일이 일어날까? 그는 정치가로서 인간으로서 어떻게 진화해갈까? 이재명은 정치인이기에 앞서 그 스스로가 자유롭고 자주적인 인간이기를 위해 노력한다. 자신을 지지하는 사람들에게도 정치가를 숭배하거나 열광하면 곤란하다고 역설한다. 지지자들에게도 어깨 걸고 함께 나가는 각성된 시민이기를 기대하고 있다. 기대할 만하다.

Q13.
이재명은 왜 말을 그렇게 빠르게 할까?

　　이재명은 정보량이 많다. 이재명은 말할 때 논리적으로 구조화된 정보 통계, 수치, 법령, 상대방의 말에 대한 반박 이런 것들을 동시에 떠올려서 말하는 사람이다. 그래서 "이거 놓치면 안 돼!", 정해진 "시간 안에 다 말해야 해!" 같은 압박이 내면에 걸려 있다. 말의 속도는 정보처리 속도와 불안의 합이라고 보면 엄청나게 많은 정보량을 가진 그로서는 말의 속도가 빠를 수 밖에 없다.

'조용히 말하면 안 들리는 세계'에서 자란 사람

그는 가난, 차별, 무시 속에서 자랐고, 말이 느리거나 망설이면 그 순간 기회를 놓치는 환경에 있었다. 공장 노동자 시절은 빨리 알아듣고 빨리 움직여야 생존 가능했고, 사법시험 준비 시절은 누구보다 빨리, 정확히 기억해야 했다. 정치에서도 마찬가지였다. 상대보다 먼저, 더 강하게 말해야 주목받을 수 있다. 이런 조건에서 형성된 말투는 일종의 "생존 화법"인셈이다.

논쟁적 상황에서 '우위'를 점하려는 무의식도 있을 것이다. 이재명은 토론, 논쟁에서 밀리지 않는 것을 굉장히 중요하게 생각한다. 그는 자기 말에 대한 반론이 오기 전에 빠르게 구조를 완성해버리는 방식으로 말한다. 상대가 끼어들기 어려운 속도와 연결력으로 논리의 성채를 쌓아버리는 것이다. 이건 지배력을 확보하려는 전략적 언어 스타일이자, "내 말이 흐트러지면 곧 공격당할 거야"라는 불안 기반의 통제욕도 함께 들어 있다.

MBTI가 ISTJ라고는 해도, 이재명은 일반적인 ISTJ보다 반응 속도가 빠른 것 같다. 그는 즉각적으로 판단하고 바로 행동한다. 느긋함보다는 결정-실행에 쾌감을 느끼는 유형이다. 말도 뇌의 실행기능처럼 작동한다. 그래서 이재명은 말하면서 결정해버리고, 다음 단계로 넘어간다.

Q14.
이재명은 유머 감각이 있을까?

이재명, 유머 감각 있다 vs 없다? 정답은 '있다'. 그런데 이재명은 그냥 웃긴 사람이 아니라, "정치적으로 계산된 유머와 날카로운 풍자"를 구사하는 사람이다. 그의 유머는 막 '드립치는 형'이라기보다는 상황을 파악하고 맥을 짚는 촌철살인형 유머, 상대를 무력화시키는 전략형 유머, 자기 비하를 통해 감정을 푸는 인간형 유머에 가깝다.

예를 들면 국회에서 검찰 수사 관련 질문이 오자,

"이 정도면 검사들이 저를 너무 사랑하는 거 아닙니까?" 하고 비판을 풍자로 바꿔버리는 말센스를 보였다. 듣는 사람은 웃고, 비난은 완충되는 마법이다.

"나는 흙수저도 아닌 무수저" 같은 웃픈 유머도 있다. 슬픈 사연도 농담처럼 털어놓음으로써 인간미를 자아낸다. 연민보다 친근감을 자극하는 기술이다.

이재명의 유머는 단순히 웃기려고 하는 게 아니야. 일종의 자기방어이면서도 공감 전략이다. 정치인으로서의 '상대방 조율 기술'이라 볼 수 있겠다. 그러면 이재명의 유머 감각은 어디서 왔을까?

"말을 빨리하고, 똑똑한 사람이 살아남으려면 그냥 진지해서는 안 돼. 사람을 웃게 만들어야 해. 그래야 날 무서워하지 않고, 내 편이 돼줄 수 있으니까."

그는 아마 가난 속에서도, 공장에서도, 대학에서도 '웃겨야 살아남는다'는 감각을 자연스럽게 배웠을 것이다.

이재명은 '지능형 유머감각'이 매우 뛰어나다. 웃기려고 애쓰진 않지만, 상황을 비틀어 웃음으로 전환하는 능력이 탁월하다. 유머는 그의 감정 조절 수단이자,

대중과의 심리적 거리 좁히기 전략이다. 무엇보다, 진지함만으론 살아남을 수 없다는 생존형 정서지능의 발현이다.

Q15.
이재명은 왜 불우한 어린 시절을 반복해서 이야기할까?

이재명에게 어린 시절은 단순한 자기 PR이 아니라, 그 안엔 아주 깊은 '자기 존재의 의미화 과정'이 있다. 이재명은 "나는 여기까지 어떻게 왔는가"를 말하지 않으면 안 되는 사람이다. 그는 자기가 어디서 왔는지 끊임없이 되새기는 사람이야. 그에게 과거는 '과거'가 아니라, 존재의 근거야. 그는 본능적으로 알고 있다.

"내가 어디서부터 왔는지 설명하지 않으면, 사람

들은 지금의 나를 이해할 수 없고, 나는 그들의 세계에 '이방인'으로 남는다."

그래서 그는 반복해서 말한다.

"나는 형편없는 환경에서 자랐습니다."
"팔에 장애를 안고 살아야 했습니다."
"성남으로 이사 왔을 때 우리는 판잣집에 살았습니다."

이건 단순한 회상이나 자랑이 아니라 "내가 지금 여기 있는 이유를 잊지 않겠다"는 자기서사이자 의지의 맹세다.

'약자의 언어'를 계속 붙들고 있으려는 정치적 감수성

이재명은 정치인을 '정책전문가' 이전에 "자기 몸으로 살아온 사람들의 대변자"라고 생각한다. 그의 기억 속 빈곤, 굴욕, 차별은 '나만의 개인적인 경험'이 아니라 구조적 고통의 체화다. 그래서 그는 반복해서 이렇게 말한다.

"그 시절 제가 겪은 고통은 여전히 지금도 누군가 겪고 있는 고통과 같습니다."

즉, 그는 개인 서사를 집단 서사로 확장시키는 방식으로 '불우한 어린 시절'을 정치 언어로 사용한다. 또한 불우한 어린 시절은 자기효능감의 원천이기도 하다. 이재명은 '사법시험 합격'으로 자기효능감을 세팅한 사람이라고. 그런데 그건 가난과 절망 속에서 피어난 꽃이었다.

'만약 그가 부잣집 아들이었다면, 과연 이 정도로 죽을 힘을 다했을까?' 그러니까 그는 '그 고통 덕분에 지금의 내가 있다'고 믿고 있는 것이다. 그래서 그 고통을 지우는 건 곧 자기 존재의 뿌리를 부정하는 일이 된다.

사람들은 '잘난 정치인'보다 "우리랑 같은 고생을 겪어본 사람"을 더 신뢰한다. 이재명은 그걸 너무나 잘 안다. 그래서 '감정의 닻'을 자신의 과거에 걸어두는 방식으로 대중과 연결고리를 유지한다.

"쌀밥에 고깃국 먹고 싶었다"
"형이 돌아가셨을 때도 죄인처럼 굴었다"

이런 말은 슬픔을 유도하기 위한 게 아니라, "나도 당신과 같은 인간입니다"를 반복해서 상기시키는 행위다. 어쩌면 그는 아마 아직도 그 시절의 작은 자신을 안아주고 싶어서 그 이야기를 반복하는 걸지도 모른다. 자신이 대통령이 되었다고 해도, 그때의 외로움, 두려움, 모욕감은 그의 내부에 아직 살아 있을 것이다.

Q16.
이재명은 그 가난한 삶을 어떻게 견뎠을까?

이재명에게 생존의 조건은 '몸'으로 견디는 법을 배우는 것이었다. 이재명은 초등학교 졸업 후, 공장 노동, 페인트, 접착제, 열악한 환경에서 일을 했다. 팔 신경이 손상돼 6급 장애 판정도 받았고. 그 시절 그가 배운 건 "감정을 느끼면 무너진다", "먼저 몸이 버텨야 한다"였을 것이다. 하지만 그에게 '몸'은 고통의 현장이었던 동시에 "내가 살아 있다는 유일한 증거"이기도 했다. 그래서 그는 고통을 말로 풀기보다, 행동으로 견디는 방식을 택했다.

"울지 않고, 말하지 않고, 그냥 버티는 것."

그의 자서전에서 반복되는 한 문장이 있다.

"가난은 창피한 게 아니라, 이겨내야 하는 거다."

이건 단순한 정신승리가 아니라, 가난을 수치로 받아들이는 순간 무너진다는 걸 본능적으로 아는 태도다. 이재명은 가난 앞에서 '불쌍한 나'로 빠지지 않았고 '증명해야 할 나'로 자기를 재조립했다. 그래서 그에겐 언제나 "이걸 이기면 나는 다른 세계로 간다"는 종교에 가까운 믿음이 있었던 것 같다. 다르게 표현하면 '나는 이겨낼 수 있다'는 강한 믿음은 스스로에 대한 존엄의 감각이라고도 할 수 있다.

'도구적 성취'로 자기 효능감을 세운 사람
어릴 때 그는 학교보다 검정고시를 택했고, 사법

시험에 도전했으며, 글쓰기보다 논리와 말로 승부하는 법을 선택했다. 그건 왜일까? "불안정한 나"를 빠르게 "성과 내는 나"로 바꿔야 내가 사랑받을 수 있다고 믿었기 때문이다. 그래서 이재명은 감정보다 구조, 서사보다 기능, 공감보다 설득에 강한 사람이 되었다.

그는 자기 자신을 고쳐 쓴 사람이다. 가난한 소년 → 투쟁하는 청년 → 시스템을 뚫는 전략가로. 이재명은 가난을 견딘 게 아니라, 가난을 '재료'로 삼아 자신을 다시 만든 사람이다. 그가 고통을 말하지 않은 건, 말하면 약해질까 봐서가 아니라 말하지 않아도 결국 증명하겠다는 고집 때문이다.

이재명이 그렇게 견뎠던 이유는 세상을 이기려는 게 아니라, 자신을 지키고 싶었기 때문이야. 팔에 장애가 생겨도, 형이 정신질환으로 고통 받아도, 누군가가 가난을 혐오해도 말이다….

Q17.
이재명은 스스로를 약자라고 생각했을까?

이 질문은 단지 과거의 가난한 경험을 말하는 게 아니라, 지금의 권력과 감정, 자기 정체까지 다 묻는 질문이다. 나는 이재명을 단순히 정치인으로 보지 않고 '한 인간이 어떤 식으로 자기 삶을 의미화해왔는가'로 본다.

먼저 결론부터 말하자면: 이재명은 지금도 여전히 '자신은 구조적으로 약자의 편에 서야 할 사람'이라고 생각한다. 하지만 동시에 '약자라는 자의식을 스스로의 강함으로 승화시킨 존재'이기도 하다.

　　　그는 가난을 '피해'가 아니라 '자격'으로 여긴다. 이재명은 가난과 차별을 겪었다고 말할 뿐 아니라, 그걸 "내가 이 자리에 설 수 있는 이유"라고 말한다. "나는 흙수저라서 그 마음을 안다.", "힘든 사람들 대신 싸우라고 나를 뽑아준 거라 생각한다." 그는 약자의 경험을 통해 정당성을 확보하는 사람이야. 이건 단순한 동정이 아니라, 정치적 무기이자 윤리적 뿌리다.

　　　이재명은 스스로를 '약자였던 사람'이라기보다는 '약자의 감각을 잃지 않으려는 사람'으로 생각한다. 그는 지금 대통령이고, 권력자야. 하지만 여전히 검찰 수사, 언론 프레임, 정치적 공세 같은 것들에 대해 "나를 겨누는 거대 권력"이라고 말한다.

　　　이것은 단순한 피해의식이 아니라, 자신을 약자의 위치에 계속 놓음으로써 정당성을 유지하려는 정체성 전략이기도 하다.

　　　이재명은 약자성을 '투쟁성'으로 번역하는 사람이다. 이재명에게 약자란 "무능하거나 보호받아야 할 존재"가 아니다. 오히려 이렇게 말한다. "나는 누구보다 싸움을 잘 한다.", "그래서 약자의 편에 설 수 있다." 즉, 그는 '약자성 + 전투력' = 자신의 리더십 정체성이라고 여겨. 이건 피해자 서사가 아니라 복수의 서사에 가깝다.

이재명은 자신을 약자라고 생각하지 않는다. 하지만, 약자의 고통을 지닌 자로서 그들 편에 서는 '자격이 있는 사람'이라고 여긴다.

Q18.
이재명은 원래 싸움꾼이다?

 기질적으로, 이재명은 '싸우는 본성'을 타고났을까? 이재명은 어릴 때부터 굉장히 예민하고 빠른 판단을 하는 성격이었다고 한다. 또래보다 성숙했고 자기 생각을 또렷하게 말했으며 감정이입보다는 논리적 분석과 행동 중심으로 움직였다. 즉, 싸움 자체를 즐긴다기보다는, 불합리를 참지 못하고 바로 반응하는 '저항기질'이 있었던 건 맞는 것 같다. 그러나 그건 일부이고, 나는 그가 타고난 싸움꾼이 아니라 타고난 문제해결사라고 표현해야 맞다고 생각한다.

그는 환경적으로, 그는 싸우지 않으면 살아남을 수 없는 구조에서 자랐다. 초등학교 졸업 후 공장에 들어가 팔에 장애를 입고 가난, 무시, 차별, 불공정을 너무 어릴 때부터 체험했다.

그에게 세상은 "정당하게 요구해서 얻을 수 있는 곳"이 아니었다. 그래서 그는 "싸워서 쟁취해야 하는 구조 속에서 자랐고, 그 방식이 생존의 언어가 되었다." 싸움은 선택이 아니라 생활 방식이었던 것이다.

그리고 시간이 지나면서 싸움은 '감정'이 아니라 '기술'로 진화했다 이재명은 법조인이자 행정가로서 감정적 충돌이 아니라 논리적 투쟁을 주무기로 삼는다. 그는 이렇게 말한다. "저는 감정적으로 흥분하지 않습니다. 하지만 논리와 팩트에는 끝까지 갑니다." 이건 싸우는 사람이 아니라 "싸움을 설계하고, 관리하고, 전략화하는 사람"의 마인드다. 그는 '기질적 투사'가 아니라, '전략적 전투가'로 진화한 문제해결사다.

정치 속에서 싸움은 '정체성'이자 '기획된 이미지'가 되었다. 이재명은 자신이 약자였던 경험을 강자의 언어가 아니라, 약자를 위한 '대리 투쟁자'의 정체성으로 재정의했다. 시민운동, 성남시장, 도지사 시절부터 "나는 기득권과 싸우는 사람"이라는 이미지를 일관되게 유지하고, 전략적으로 강화해왔다.

그러나 우리는 이미 지난 한 달 동안 언론이 만들어낸 협소한 싸움꾼의 이미지가 아닌 현장 중심형 문재해결사로서 이재명을 매일 목격하고 있다. 그는 싸우려 들지 않는다. 그는 현장에 들어가 문제를 해결하려고 한다. 이제 그의 진짜 모습이 드러나고 있다.

Q19.
이재명은 왜 SNS를 자주 쓸까?

SNS는 이재명에게 '검열받지 않는 유일한 마이크'다. 이재명은 늘 언론에 의해 프레임 씌워져 왔다. '말이 거칠다', '좌파 포퓰리스트', '정치검찰에 쫓기는 인물' 등등. 그래서 그는 기성 언론 말고 자기 말은 자기가 직접 해야 한다는 신념을 갖고 있지 않을까.

"저는 제 입으로 직접 설명 드리는 게 가장 정확하다고 믿습니다."

SNS는 그에게 말이 왜곡되지 않는 공간, 누구도 끊을 수 없는 자율 채널인 셈이다.

'기록장'으로서의 SNS

이재명은 싸움을 멈추지 않는 사람이다. 그 싸움은 말로, 논리로, 이미지로 벌어진다. 그에게 SNS는 "지금 나는 싸우고 있다"를 증명하는 무대이자 "나는 물러서지 않았다"는 리더십의 선언이다. SNS 글은 그의 '작전일지' 같은 셈이다.

이재명은 자기 효능감이 아주 강한 사람이고, 그 효능감은 대부분 "내가 뭔가를 할 수 있다", "내 말이 누군가에게 영향을 준다", "내가 사람들과 연결되어 있다"라는 느낌에서 유지된다. SNS는 그에게 실시간 피드백과 존재감을 증명해주는 감각의 창구다.

Q20.
이재명은 자신을 지지하지 않는 사람들을 어떻게 생각할까?

     이재명은 자신을 지지하지 않는 사람을 '적'이라고 여기지 않는다. 하지만 지속적인 비난과 혐오에는 단호하게 반응한다. 즉, 그는 비지지자(정상적 반대자)와 악의적 프레임 조작자(정치적 공격자)를 철저히 구분한다.

     그는 '정상적 반대자'를 수용할 줄 아는 사람이다. 이재명은 인터뷰나 방송에서 종종 이렇게 말한다. "저는 저를 싫어하는 분들도 당연하다고 생각합니다. 모든 사람이 저를 좋아할 수는 없죠. 저는 저를 비판하는 목소리에도 귀 기울입니다." 이것은 단순한 립서비스가 아니다. 그는 실제로 다양한 시각을 수용하는 걸 '민주주의의 본질'로 인식한다. 그건 자신이 시민운동가 시절부터 몸으로 체득한 태도다. 하지만 '악의적 공격'은 절대 넘기지 않는다. 이재명은 비난과 비판을 아주 날카롭게 구분해. "저를 반대하는 분은 좋습니다. 하지만 허위 사실로 매도하고 프레임을 씌우는 건 용서할 수 없습니다." 이건 그가 '정당성'을 삶의 핵심 가치로 여기기 때문이다. "나를 싫어할 순 있어도, 나를 왜곡하지는 마라"는 감각. 그래서 그는 정치적 상대의 허위 공격, 프레임 왜곡, 감정적 조롱에 대해서는 절대로 참지 않고, 정면돌파하는 스타일이다.

정치적으로는 '지지자 중심 전략'을 선택한다 그는 항상 "내가 좋아하는 사람과 싸우는 것보다, 나를 좋아해주는 사람을 더 열심히 돌보자"는 원칙을 반복해서 말한다. "제가 누구를 미워해서 정치를 하겠습니까. 좋아해주시는 분들 보면서 가는 거죠."

그래서 그는 비지지자를 설득하기보단 지지자와의 연결을 깊게 만들고, 그 지지자들을 통해 확산되는 정당성을 신뢰하는 스타일이다.

Q21.
이재명은 윤석열을 어떻게 생각할까?

이재명에게 윤석열은 '정적'이 아니라 정치적 운명의 한복판에서 만난 운명의 상대였다. 두 사람은 2022년 대선에서 역대 최소인 0.73% 차이로 격돌했고 대선 이후에도 끊임없이 언론, 검찰, 국회에서 마주서 지금까지도 대한민국 양극단의 상징처럼 여겨지고 있다. 즉, 이재명에게 윤석열은 단순히 "싫어하는 사람"이 아니라 "나의 길을 끊임없이 검증하고 위협하는 존재"였다.

논리적으로는 '무능한 정권', '정치의 퇴행'으로 본

다 이재명은 윤석열 정부를 비판할 때 국정 운영 미숙, 검찰 독주, 경제 실패, 소통 단절 같은 키워드를 자주 사용했다.

"국정 운영은 검사가 하는 게 아닙니다."

"국민이 고통받고 있습니다. 이제 그만 멈추십시오."

그는 윤석열을 능력보다 권력을 우선시한 정치인으로 규정하고 법률가 출신의 '국가경영 부적합자'로 간주했다. 감정적으로는 "억울함"과 "분노", 그리고 "실망"이 공존 이재명은 윤석열에게 단순한 정치적 반감 이상으로 '이건 아니잖아' 하는 인간적 실망감을 품고 있지 않을까. 왜냐하면 그가 보기엔 검찰총장에서 대통령까지 오른 윤석열이 법치와 정의의 이름을 사적인 이익과 정적 제거에 썼다고 느끼기 때문이다. 그에겐 윤석열이 "정의의 옷을 입고, 복수의 칼을 휘두른 사람"처럼 보이는 셈이다.

전략적으로는 '반윤 정서의 중심축'으로 자신을 세우려 한다. 이재명은 윤석열을 비판할 때 자신을 '피해자'로만 남기지 않았다. 윤 정권에 맞설 수 있는 유일한 정치적 대안으로 자기 이미지를 세웠다.

"나라를 바로잡아야 한다.", "이 비정상을 멈춰야 한다.", "국민을 대신해 싸우겠습니다." 같은 발언은 "윤석열을 싫어한다"가 아니라 "윤석열을 넘어서야 나의 정치가 완성된다"는 감각이다.

이제 이 글을 쓰는 시점인 2025년 7월 10일 윤석열이 재구속되었다. 하지만 지난 한 달 동안 이재명은 윤석열에 대한 이야기는 거의 하지 않았다. 이재명에게 윤석열을 신경 쓸 여유는 없기 때문이다.

이재명은 정말로 정치를 통해 대한민국을 더 나은 세상으로 바꾸고, 사람들이 더 행복해하는 모습을 보고 싶을 뿐이다. 그의 말과 행동을 보면 윤석열은 자신의 꿈을 담금질했던 마지막 통과의례로 남지 않을까.

Q22.
이재명은 무슨 음식을 제일 좋아할까?

　이 질문은 '이재명'도 평범한 한 사람이라는 사실을 다시 한 번 상기시키기 위한 것이다. 그는 괴물도 아니고, 악마도 아니다. 그도 좋아하는 음식이 있고, 그 음식에 얽힌 사연이 있는 보통의 인간이다. 그래서 언론 보도를 통해 알려진 사실을 바탕으로 그가 제일 좋아하는 음식이 무엇일까? 질문하고 답해보았다.

　이재명은 갈치조림을 좋아한다. 변호사 시절부터 찾은 성남 금광시장의 '대박식당' 갈치조림이다. 그는 언론 인터뷰에서 "갈치조림을 가장 좋아한다"고 했다. 또 다른 기사에서는 "죽기 전에 마지막으로 먹고 싶은 음식"으로 어머니가 해준 얼갈이국수를 꼽았다. 얼갈이 배추 국수는 그에게 가족·공동체·추억의 온기가 담긴 메뉴다.

그에게 얼갈이국수는 단순한 음식이 아니라, 가난한 시절도 견딜 수 있게 했던 '마음의 힘'이다. 이번 21대 대선기간에서는 설렁탕 같은 빠르고 담백한 식사도 자주 즐기고, 건강을 위해 술은 멀리하며 사탕으로 목 관리할 정도로 소소한 즐거움도 챙긴다고 했다.

한 마디로 이재명에게 음식은 맛이 아닌 '기억과 인간미의 저장고'다. 갈치조림은 그가 '지방 변호사'로, 얼갈이국수는 '가난하지만 배고프지 않았던 기억의 한 점'이자 '사람과의 온기'다. 이 음식들이야말로 그를 지금의 자리로 이끈 정체성과 추억의 증표라고 할 수 있겠다.

Q23.
이재명의 공공의식은 어디에서 나올까?

공무원은 공공의 이익을 위해 일하는 사람이다. 그러나 언제나 문제는 공공의 이익을 다루는 사람이 자신에게 주어진 권한으로 사적인 이익을 추구하는 데서 일어난다.

이런 면에서 이재명 대통령은 철저하게 공과 사를 구분하는 사람이다. 그러나 이 부분은 오히려 거꾸로 부풀려지고 왜곡되어 이재명이 가장 많이 공격당한 지점이기도 하다.

2021년 4월 29일 이해충돌 방지법이 국회를 통과했다. 공직자가 직무를 수행할 때 자신의 사적 이해관계로 공정하고 청렴한 직무수행을 저해하는 것을 방지하기 위한 내용을 담았다.

지난 3월 25일 이재명 당시 경기도 지사가 페이스북에 "지금 같은 상황에서는 10년째 이해충돌방지법 처리를 발목 잡아온 것이 어느 쪽인지는 중요하지 않다"며 "오직 국정을 책임진 민주당이 얼마나 책임 있게 약속한 바를 이행하는지 국민이 지켜보고 있다"고 밝히고, 홍영표 김종민 의원 등이 법안의 국회통과를 강력히 촉구한 가운데 통과된 것으로 공직사회 윤리기강을 바로 세우는데 커다란 이정표가 될 것으로 보인다.

고양이에게 생선을 맡기지 말자

이해충돌방지법의 적용을 받는 공직자는 입법·사법·행정부와 지방자치단체 공무원, 공공기관 임직원 등 약 190만 명으로, 해당 법안은 공포 후 준비 기간을 거쳐 1년 후 시행될 예정이다. 지난 LH사태에서 본 것처럼 공공택지개발을 관장하는 관련직원이 해당업무를 수행하는 과정에서 취득한 정보를 기반으로 개발지역에 자신이나 친인척을 동원하여 토지를 매입하고 개발이익을 부당취득한다면 국민의 입장에서는 고양이에게 생선을 맡긴 격이 된다.

문제의식을 확장하면 이명박 전 대통령처럼 사대강 유역을 개발한다는 명목으로 대규모 건설공사를 기획하고 자신과 관련된 기업이나 개인에게 이익을 남기고 우회적으로 사적 이익을 편취하는 것도 이 법에 저촉된다. 혹은 군 고위 장성이 외국산 무기를 도입하는 과정에서 자신이 사적 관계를 맺고 있는 외국군수업체의 장비를 도입하고 훗날 외국에서 편의를 제공받는 것도 다 이 법에 저촉된다.

모든 법이 그렇지만 좋은 법도 적극적으로 지키고 공직사회에 윤리규정으로 내면화되지 않는다면 그 효과는 반감된다. 이 법은 1년 후인 내년 4월30일부터 시행되므로 20대 대통령 임기가 시작되는 22년5월10일 직전에 시행되는 셈이다. 즉 차기정부가 들어섬과 동시에 시행된다. 이 법이 제대로 시행되면 '공직이 이권이 되는 시대'가 끝나게 된다.

다주택 고위공무원 승진에서 배제한다

이 시점에서 행정부의 수장이 누구냐에 따라 이 법의 정신이 구체적인 행정에서 얼마만큼 구현되는지가 결정된다. 새 술은 새 술에 담아야 한다. 이재명 당시 도지사는 이 법이 통과되기 전인 지난해 20년 7월 "경기도 4급이상 공무원 연말까지 1주택 초과분을 처리하라"고 지시하고 다주택 고위공무원은 이미 20년 초부터 20년 승진인사에서 배제했다. 이해충돌방지법을 선제적으로 시행한 것이다.

나는 이미 〈이재명은 있다〉에서 이재명이 대통령이 되는 순간 이재명 행정부는 이해충돌방지법에 부응하는 각종 매뉴얼을 만들어 시행할 것이다. 이 매뉴얼은 지방정부 및 예하 산하기관과 입법부 사법부도 따라 하지 않을 수 없게 된다. 공무원이 직무로 인한 사적 이익을 취득할 수 없게 된다면 공무원은 공정한 업무수행평가로 자신의 미래를 설계할 수 밖에 없게 된다.

현재까지는 여야 모든 후보자들 사이에서 이재명만큼 '공무원의 직무로 인한 사적 이익의 취득'을 가장 강력하게 방지하고자 한 인물은 없는 것으로 보인다. 공무원의 새로운 직무윤리가 필요한 시대가 되었다.

부록 제21대 대통령선거 이재명 공약목록

1. [경제·산업] 세계를 선도하는 경제 강국을 만들겠습니다.

- ■ 목표
  - AI 등 신산업 집중육성을 통해 새로운 성장기반 구축
  - K-콘텐츠 지원강화로 글로벌 빅5 문화강국 실현

- ■ 이행방법
  - 인공지능 대전환(AX)을 통해 AI 3강으로 도약
  - 대한민국의 미래성장을 위한 글로벌 소프트파워 Big5 문화강국을 실현
  - K-방산을 국가대표산업으로 육성
  - 국가첨단전략산업에 대한 대규모 집중투자방안 마련
  - 안정적 R&D 예산 확대 및 국가연구개발 지속성 담보
  - 벤처투자시장 육성으로 글로벌 4대 벤처강국 실현
  - 스마트 데이터농업 확산, 푸드테크·그린바이오 산업 육성, K-푸드 수출 확대, R&D강화, 농생명용지 조기 개발로 농업을 미래농산업으로 전환·육성

2. **[정치·사법]** 내란극복과 K-민주주의 위상 회복으로 민주주의 강국을 만들겠습니다.

- ■ 목표
- ○ 내란극복
- ○ 국민통합
- ○ 민주주의 회복

- ■ 이행방법
- ○ 대통령 계엄권한에 대한 민주적 통제 강화
- ○ 정치보복 관행 근절 등 국민통합 추진
- ○ 직접민주주의 강화 등을 통한 책임정치 구현
- ○ 국민에 봉사하는 군으로 체질 개선
- ○ 반인권적으로 운영되고 있는 국가인권위원회의 정상화 추진
- ○ 감사원의 정치적 중립성 및 독립성 강화
- ○ 검찰 개혁 완성
- ○ 사법 개혁 완수
- ○ 반부패 개혁으로 청렴한 공직문화 조성
- ○ 주요 공공기관 기관장 등의 임기를 대통령 임기와 일치시켜 공공기관 경영 및 정책 추진의 일관성과 책임성 강화
- ○ 민생·인권친화적 제도 개선
- ○ 변호사의 공공성 강화

○ 방송통신위원회의 정파성 극복을 위한 방송영상미디어 관련 법제 정비
○ 방송의 공공성 회복과 공적책무 이행으로 국민의 방송 실현
○ 건강하고 신뢰할 수 있는 미디어 이용환경 조성
○ 제3기 진실화해위원회의 신속 출범
○ 학교 역사교육 강화 및 역사연구기관 운영의 정상화

3. [경제·산업] 가계·소상공인의 활력을 증진하고, 공정경제를 실현하겠습니다.

■ 목표
○ 가계와 소상공인의 활력을 제고
○ 공정한 경제구조 실현

■ 이행방법
○ 코로나 정책자금 대출에 대한 채무조정부터 탕감까지 종합방안 마련
○ 12.3 비상계엄으로 인한 피해 소상공인 지원방안 마련
○ 소상공인 금융과 경영부담 완화
○ 소비촉진으로 소상공인·자영업자 활기 도모
○ 공정하고 지속가능하며 실패해도 재기할 수 있는 소상공인 경제 구축

○ 소상공인·자영업자 사회안전망 확대

○ 가맹점주·대리점주·수탁사업자·온라인플랫폼 입점사업자 등 협상력 강화

○ 플랫폼 중개수수료율 차별금지 및 수수료 상한제 도입으로 공정한 배달문화 구축

○ 대환대출 활성화 및 중도상환수수료 단계적 감면 등 대출상환 부담 완화

○ 취약계층에 대한 중금리대출 전문 인터넷은행 추진

○ 가산금리 산정 시 법적비용의 금융소비자 부당전가 방지로 원리금상환부담 경감

○ 채무자 중심의 보호체계 구축 및 사각지대 해소

○ 고품질 공공임대주택 및 공공임대 비율 단계적 확대

○ 전세사기 걱정 없는 사회, 부담없는 전월세로 서민의 주거사다리 복원

○ 주식시장 수급여건 개선 및 유동성 확충

○ 디지털자산 생태계 정비를 통한 산업육성기반 마련

○ 중소기업협동조합 등 단체협상권 부여로 제값받는 공정한 경제 창출

○ 중소기업 복지플랫폼 예산 확대 및 중소기업 상생금융지수 도입 추진

○ 한국형 디스커버리제도 도입 등 기술탈취 행위 강력 근절

○ 상법상 주주충실 의무 도입 등 기업지배구조 개선 통한
일반주주의 권익 보호
○ 자본·손익거래 등을 악용한 지배주주의 사익편취 행위 근절
○ 먹튀·시세조종 근절로 공정한 시장질서 창출

4. **[외교·통상]** 세계질서 변화에 실용적으로 대처하는 외교안보 강국을 만들겠습니다.

■ 목표
○ 튼튼한 경제안보 구축
○ 지속가능한 한반도 평화 실현

■ 이행방법
○ 국제적 통상환경 변화에 적극 대응하는 경제외교 추진
○ 우리의 외교영역을 확대하고 다변화
○ 통상환경 변화 대응을 위한 무역구조 혁신
○ 국익과 실용의 기반 하에 주변 4국과의 외교관계 발전
○ 북한 핵 위협의 단계적 감축 및 비핵·평화체제를 향한
실질적 진전 달성
○ 한반도 군사적 긴장 완화, 평화 분위기 조성
○ 굳건한 한미동맹에 기반한 전방위적 억제능력 확보
○ 국제사회에서의 공헌과 국격에 걸맞은 외교 추진

○ 이산가족 상봉 등 남북 인도주의협력, 교류협력 모색·추진

○ 재외국민에 대한 적극적인 지원을 통한 권익과 안전 보호

○ 주력 제조업 경쟁력 강화를 위한 '전략산업 국내생산 촉진세제' 도입

○ 수출산업 보호를 위한 무역안보 단속체계 확립

○ 전략물자 국적선박 확보를 통한 물류 안보 실현

○ 식량안보 차원에서 쌀 등 주요농산물의 안정적 공급기반 구축

○ 어업협정 이행 강화 및 '불법 중국어선 강력 대응'을 통한 해양 주권 수호

5. **[사법·행정·보건의료]** 국민의 생명과 안전을 지키는 나라를 만들겠습니다.

■ 목 표
○ 국민 생활안전 및 재난 대응 강화
○ 의료 대란 해결 및 의료 개혁 추진

■ 이행방법
○ 범죄로부터 안전한 사회 구축
○ 민생침해 금융범죄 처벌 및 금융소비자 보호를 위한 제도 개선 추진
○ 사회적 재난에 대한 신속하고 효율적인 대응체계 구축

○ 교통사고 예방과 건설안전 환경조성으로 생활안전 체계 강화

○ 지역·필수·공공의료 강화로 제대로 치료받을 권리 확보

○ 국민참여 의료개혁으로 의료대란 해결, 건강보험의 지속가능성 확보

6. [행정 ·경제 ·산업] 세종 행정수도와 '5극 3특' 추진으로 국토 균형발전을 이루겠습니다.

■ 목표

○ 세종 행정수도 완성

○ 5극(5대 초광역권: 수도권, 동남권, 대경권, 중부권, 호남권), 3특(3대 특별자치도(제주,강원,전북)) 추진

■ 이행방법

○ 세종 행정수도 완성 추진

○ 이전 공공기관 정주여건 개선 및 제2차 공공기관 지방이전 추진

○ 5극, 3특 중심 균형발전 기반 마련

○ 자치분권 강화와 지방재정 확충

○ 지역소멸을 방지하기 위한 지역 주도 행정체계 개편 추진

○ 지역대표 전략산업 육성과 지역투자 촉진으로 지역경제 활력 촉진

○ 수도권 중심의 대학 서열화 완화를 통한 국가 균형발전 달성

○ 지역사랑상품권 발행 의무화를 통해 지역경제를 살리고 균형발

전 달성
- ○ '잘사니즘'의 실현, 관광산업으로 지역경제 활성화
- ○ 사람이 돌아오는 지속가능한 농산어촌
- ○ 철도지하화 대상 구간 차질없는 추진 위한 종합계획 수립 및 단계적 시행
- ○ 지역·중소방송사의 지역밀착형 콘텐츠 제작 지원 및 확대 등 활성화 적극 지원
- ○ 재난현장 일선에서 희생하는 이·통장 특별활동비 신설

7. [교육·경제·복지] 노동이 존중받고 모든 사람의 권리가 보장되는 사회를 만들겠습니다.

■ 목표
- ○ 노동 존중, 일하는 사람들의 권리 존중 사회 실현

■ 이행방법
- ○ 자영업자, 특수고용 및 플랫폼 노동자 등 일하는 모든 사람들의 일터 권리 보장, 일한 만큼 보상받는 공정한 노동환경 조성
- ○ 포괄임금제 금지 등 「근로기준법」에 명문화
- ○ 동일노동 동일임금 기준지표 마련을 위한 임금분포제 도입
- ○ 산업·업종·지역단위 단체교섭협약 활성화로 저임금노동자들의 기본 노동조건 보장

○ 직장 내 민주주의, 노사자율 강화 실현
○ '업무상 재해위험이 높은 자영업자'까지 산재보험 제도 도입
○ '일하다 다치거나 죽지 않게' 노동안전보건체계 구축
○ 일하는 여성이 일하기 좋은 사회 조성
○ 주4.5일 도입·확산 등으로 2030년까지 OECD 평균 이하로 노동시간 감축
○ 공무원 처우개선 및 공직문화 개선
○ 문화예술인 창작권 보장을 위한 권리 강화 및 정부의 문화예술인 창작권 침해 금지
○ 권리보장 강화로 장애인 사회참여 실현

8. [경제·복지] 생활안정으로 아동·청년·어르신 등 모두가 잘 사는 나라를 만들겠습니다.

■ 목 표
○ 생활안정과 생활비절감 추진
○ 빈틈없이 기본이 보장되는 사회 추진

■ 이행방법
○ 생애주기별 소득보장체계 구축
  - 아동수당 지급 대상을 18세까지 점진적 상향
  - 일하는 모든 취업자로 육아휴직 단계적 확대

- 국민연금 사각지대 해소 및 연금개혁 지속 추진
○ 온 사회가 다 같이 돌보는 돌봄기본사회 추진
- 영유아 교육·보육비 지원 확대 및 온동네 초등돌봄체계 구축
- 간병비 부담완화와 간호·간병 통합병동 확대 추진
- 지속 가능한 지역사회 통합 돌봄체계 구축
○ 근로장려금(EITC)과 자녀장려금(CTC)의 대상 및 지급액 확대
○ 주거·통신 등 필수적인 생활비 부담 절감
- 월세 세액공제 대상자·대상주택 확대 및 통신비 세액공제 신설
○ 청년·국민·어르신 패스 3종 도입으로 국민 교통비 절감
○ 국가책임 공교육으로 사교육비 부담 경감
- 기초학력 학습안전망 지원 확대 및 자기주도학습센터 운영
○ 대학생 등록금 부담 완화 및 청년주거 환경 개선
○ 생애주기 문화패스 신설·확대 등 국민 문화향유권 확대
○ 선진국형 농가소득 및 농업재해안전망 도입
- 농산물 가격 안정적 관리 및 농어업재해 국가책임 강화
- 양곡관리법 개정 등을 통한 쌀값 정상화 및 공익직불금 확대
- 농업인 퇴직연금제 도입 및 농지이양 은퇴직불금·공공비축농지 확대
○ 어민 소득증대 통한 어촌소멸 대응
- 탄소중립 활동 참여 어촌마을 안정적인 소득기반 마련
- 수산식품기업바우처 수산선도조직 육성사업 지원 확대

○ 국가유공자 예우 강화 및 보훈문화 확산
 - 저소득 보훈대상자에 대한 지원체계 강화 및 사각지대 없는 보훈의료체계 구축
 - 조국 수호를 위해 희생한 시간에 대한 정당한 보상
○ 문화예술인 사회보험보장 확대 및 복합지원공간 확충
○ 청년의 기회와 복지 확대
 - '청년미래적금' 도입 등 청년자산형성 지원
 - 취업 후 상환 학자금 대출 소득요건 완화, 의무상환 전 이자면제 대상 확대
 - 군복무 경력 호봉 반영, 구직활동지원금 확대 등 청년의 일할 권리와 기회강화
 - 청년 맞춤형 공공분양 및 월세지원 확대 등 청년 주거지원 강화
 - 국민연금 군복무 크레딧 확대 등 청년생활안전망 구축
 - 글로벌 기업이 운영 중인 '채용연계형 직업교육 프로그램' 확산·지원
○ 1인가구·청년을 위한 정책 확대
 - 직장과 주거시설이 근접한 주거복합플랫폼주택 조성 및 맞춤형 주거설계지원 사업 추진
○ 한부모가족의 복지급여 확대 등 안정적인 생활환경 지원 강화
○ 서민들의 편의를 위한 교통물류 환경 개선
 - 교통물류환경종사자 근로여건 개선방안 마련
 - 생활물류, 고속철도, 항공 등 국민편익 향상 방안 마련

○ 청년·근로자 천원의 아침밥 및 농식품바우처 확대 등 먹거리 돌봄 강화
○ 사람과 동물이 더불어 행복한 사회 조성
  - 반려동물 양육비 부담 완화 및 의료 서비스 강화
  - 동물 학대자의 동물 소유권 및 사육권 제한

9. **[교육·복지]** 저출생·고령화 위기를 극복하고 아이부터 어르신까지 함께 돌보는 국가를 만들겠습니다.

■ 목표
○ 저출생·고령화 해소 및 돌봄체계 구축

■ 이행방법
○ 저출생 대책 혁신 및 자녀양육 지원 확대
  - 자녀 수에 비례한 신용카드 소득공제율·공제 한도 상향 추진
  - 초등학생 예체능학원·체육시설 이용료를 교육비 세액공제 대상에 추가
  - '우리아이자립펀드' 단계적 도입 및 신혼부부 결혼출산지원 확대
  - 신혼부부 공공임대주택 공급 확대
  - 난임부부 치료지원 강화
○ 아이 키우기 좋은 나라를 위한 돌봄·교육, 일·가정 양립 지원 강화
  - 공공 아이돌봄 서비스 지원 강화

- 지자체 협력형 초등돌봄 추진
  - 초등학교 방과후학교 수업료 지원 확대
  - 교육·보육의 질을 높이는 정부 책임형 유보 통합 추진
○ 발달장애인 24시간 돌봄 등 장애인 맞춤형 지역돌봄체계 구축
○ 생애주기별 외로움(고독) 대응 정책 개발·추진
○ 고령사회 대응을 위한 통합적 지원체계 마련
  - 치매·장애 등으로 재산 관리가 어려운 노인을 위한 공공신탁제도 도입
  - 어르신 주거 문제 해결을 위한 고령자 친화 주택·은퇴자 도시 조성
  - 간호·간병 통합서비스 확대 및 요양병원 간병비 건강보험 적용
  - 노인 등이 집에서 의료·돌봄서비스를 받는 지역사회 통합 돌봄 체계 구축
○ 지속 가능한 노후 소득 보장 체계 구축
  - 국민연금 수급 연령에 맞춘 정년 연장, 사회적 합의를 통해 단계적 추진
  - 주택연금 제도개선 등을 통해 노후 소득 보장을 위한 지원강화

10. [환경·산업] 미래세대를 위해 기후위기에 적극 대응하겠습니다.

■ 목 표
○ 기후위기 대응 및 산업구조의 탈탄소 전환

- **이행방법**
  ○ 선진국으로서의 책임에 걸맞는 온실가스 감축목표 수립
  ○ 재생에너지 중심의 에너지전환 가속화
  ○ 경제성장의 대동맥, 에너지고속도로 구축
  ○ 탄소중립 산업전환으로 경제와 환경의 조화로운 발전 도모
  ○ 건축물·열 부문 탈탄소화
  ○ 전기차 보급 확대 및 노후경유차 조기 대·폐차 지원을 통한 수송 부문 탈탄소 가속화
  ○ 영농형태양광 적극 보급, 친환경유기농업 확대 및 지속가능한 축산업으로 농업 탄소 배출량 저감 추진
  ○ 탈플라스틱 국가 로드맵 수립 및 바이오플라스틱 산업 육성 지원
  ○ 한반도 생물 다양성 복원
  ○ 4대강 재자연화(Rewilding)와 수질개선 추진
  ○ 탄소포인트제 등 국민의 탄소 감축 실천에 대한 인센티브 강화
  ○ 정의로운 전환을 위한 실현 방안 마련
  ○ 2028년 제4차 UN해양총회 유치